C코드

와튼스쿨 인재 육성 프로젝트

C코드

CRACK THE C-SUITE CODE

성공한 리더들은
어떻게 정상에 올랐을까?

카산드라 프랑고스 지음
홍석윤 옮김

다니비앤비

CONTENTS

제2장
장기근속 간부

제4장

초고속 승진 리더

제5장
창업자

제6장
그 외 다른 경로와 복합 경로

제7장
마침내 경영진으로

결론
네 가지 경로, 마지막 하나의 질문

서문

하나의 질문, 네 가지 대답

기업을 둘러싼 환경은 너무나 자주 변하기 때문에 변하지 않고 멈춰 있는 것은 오히려 눈에 띄기 쉽다.

필자가 몇 년 전 글로벌 IT 회사 시스코^{Cisco}의 한 고위 간부와 코칭 상담을 하고 있을 때 생긴 일도 그런 종류의 것이었다. 그 간부는 두 달 전에 이 회사에 합류해 이미 첫 90일 동안 업무 파악 일정을 순조롭게 진행했고, 주변 동료들에게도 꽤 존중을 받으며 일하고 있었다. 그가 세운 앞으로의 목표에 대한 대화를 마무리하던 중에 그가 갑자기 경력 개발에 관한 질문 하나를 던졌다. 그 질문은 그동안 고위 임원이 되기까지 두세 단계 남은 간부들에게 자주 들었던 것이었다.

"제가 고위 임원이 되려면 무엇이 더 필요하다고 생

각하시나요?"

간부는 그 질문을 하면서 다소 멋쩍어 했다. 그런 질문은 대개 아주 진지하고 심각한 어조로 묻는 경우가 많은데, 간혹 그 간부처럼 임원이 되는 데 마치 숨겨진 특별한 비밀이라도 있다는 듯 목소리를 낮추고 은밀하게 묻는 경우도 종종 있다. 어쨌든 이 질문은 각자의 상황이 크게 다르더라도 흔히들 궁금해 하는 사항이다. 간부들이 임원이 되고 싶어 하는 이유 역시 각양각색이다. 야망이 매우 큰 사람들은 경영진이 되는 것을 성공의 최고 정점에 이른 것으로 생각한다. 또 어떤 사람들은 고위 임원이 되어서 더 큰 영향력을 갖고 싶어 한다. 이런 사람들은 자신이 최고의 위치에 오르면 세상을 크게 변화시킬 수 있다고 생각하기도 한다. 이 모든 생각이나 그렇게 생각하는 그 누군가가 잘못된 것은 아니다. 다만 서로 생각하는 것에 차이가 있을 뿐이다.

글로벌 서치펌 스펜서 스튜어트^{Spencer Stuart}에서 임원평가와 승계 계획, 리더십 개발, 경영진의 효율성 등에 관해 포춘 500대 기업의 리더들과 협업하고 있는 필자는 그동안 이런 질문을 꽤 많이 받았다. 필자는 직원 수가 7만 명이나 되는 시스코의 글로벌 인재 육성 및 조직 개발 팀장으로 일할 때에도, '성공한 간부는 자신의 미래를 계획한다', '임원은 자신의 업무 승계를 어떻게 조율하나', '이사회가 조직 임원들의 강점을 보게 하라', '간부를 채용하면서 차기 임원의 가능성을 본다' 같은 여러 프로그램을 진행했기 때문에 경영진과 마주할 기회가 많았다.

필자가 시스코에서 일하는 동안 가장 기억에 남았던 일은 독특한 그룹 두 곳과 상호 협력했던 경험이다. 첫 번째는 500명의 간부들과 함께 개발 계획을 수립하는 동안 간부 평가를 수행하며 그들에게 필요한 코칭에 참여했던 경험이다. 그들은 모두 시스코에서 성공하고 싶어 했고, 필자의 임무는 그들이 승진할 수 있도록 돕는 것이었다. 두 번째는 임원들이 자신이 소속된 팀 내에서 리더십 역량을 발휘하도록 돕는 것이었다. 그중에는 소위 승계 계획도 포함되어 있었다. 필자는 몇 년 전 존 챔버스John Chambers가 시스코의 최고경영자CEO 자리를 척 로빈스Chuck Robbins에게 넘겨주었을 때, 시스코 이사회 임원들과 함께 CEO 승계 작업을 진행했다. 그 경험은 필자가 앞서 들었던 질문에 대해 완전히 새로운 각도로 생각하는 계기가 되었다.

시스코에서와 마찬가지로 스펜서 스튜어트에서도 간부들이 최고 경영진에 오르기 위해 경쟁하는 모습을 여러 번 볼 수 있었다. 그러다가 몇 년 전에야 비로소 그들이 목적을 더 빨리 이룰 수 있게 하려면 어떤 도움을 줄 수 있을지에 대해 고민하기 시작했고, 독자적인 연구를 통해 나름의 결론을 내리게 되었다. 물론 필자는 여전히 이 문제에 대해 더 깊은 성찰이 필요하며 경험도 더 쌓아야 한다고 생각한다. 그러나 이 문제에 대한 필자의 탐구 여정은 이미 오래 전부터 시작됐다. 필자는 지난 수년 동안 각종 회의나 네트워킹 행사 또는 일상 업무를 통해 여러 산업에 종사하는 수많은 고위 임원들과 이야기를 나누었다. 그러다 보니 그들에게 그간의 경력을 묻는 것이 습관이 될 정도였다. 어느새 필자는 "어떻게 해서 고위 임원이 되셨습니까?"라는 질문을 입에 달고 다니는 사람이 되어 있었다.

필자는 이 책을 쓰기 위해 다양한 회사와 산업계에 종사하는 수십 명의 CEO와 고위 임원들을 만나 공식 인터뷰를 가졌다. 그런 뒤에도 앞으로 임원이 될 가능성이 있는 후보자 350여 명을 추가로 조사했다. 또 임원 채용과 리더십 개발을 연구하는 학계의 최고 전문가들과도 인터뷰했다. 이런 방대한 조사와 인터뷰를 바탕으로 리더들이 어떤 경로를 통해 고위 임원에 오르는지에 대한 실용적인 체계를 정리할 수 있었다. 필자는 심리학과 비즈니스의 교차점에 관심이 많아서 석박사 과정에서 교육학, 심리학, 조직 개발에 대해 공부했는데, 이것이 이번 작업에 큰 도움이 되었다. 이러한 다양한 학문적 배경을 갖고 있었던 덕분에 각자의 상황에서 당면한 문제에 대한 대답이 다소 다르더라도 나름의 이론을 내세워 논리정연하게 종합적으로 정리할 수 있었다.

그래서 앞서 언급했던 그 간부가 그런 질문을 했을 때 필자는 언제나처럼 똑같이 대답해 주었다.

"당신이 어떻게 해야 임원이 될 수 있을지 저는 모릅니다. 사람마다 다 다르니까요. 다만 당신에게 맞는 올바른 길이 어떤 것인지 찾아야 할 필요는 있습니다."

지금까지 필자가 인터뷰하고 연구 조사한 핵심적인 내용을 모두 정리해놓은 이 책은 고위 임원을 꿈꾸는 당신이 가야 할 올바른 길을 찾도록 도와줄 것이다. 이 책에서 필자는 고위 임원으로 가는 네 가지 핵심적인 경로를 소개하고 그 길을 단축시키기 위해 어떤 경험과 승진 전략이 필요한지 구체적으로 설명하기 위해 노력했다. 이 책을 읽다 보면 알게 되겠지만 어떤 길은 당신의 승진을 방해할 수 있고, 어떤 길은 인내와 끈기가 필요할 수도 있다. 오늘날 대부분의 회사 업무는 옛것을 통달해야 하는 것은 물론 새로운 것도 수용해야 하기 때문에, 리더가 되려는 사람은 복잡한 변화 앞에서 항상 앞서가야 하며 일상 업무도 일관성을 잃지 않는 방식으로 운영해 나가야 한다. 이제 당신에게도 이 길을 공유하고자 한다. 그 길을 따라가는 동안 당신은 임원이 되기 위한 새로운 방법들을 만나기도 할 것이고, 동시에 이 다사다난하고 복잡하고 흥미진진한 여정에서 옛날부터 필요했던 변함없는 것들에 대해서도 자세히 배우게 될 것이다.

제1장

임원으로
가는
네 가지
핵심 경로

2015년 5월 척 로빈스가 시스코의 CEO로 깜짝 지명되었을 때 모두가 놀랐지만, 한편으로 생각해 보면 그것은 당연한 선택이었다. 그를 지명한 것만 놓고 보면 파격적으로 보였을지 모르지만 동시에 분명하고 일관된 과정을 거친 결정으로 선택된 것이었기 때문이다. 당시 시스코의 영업 이사였던 로빈스가 CEO 자리에 오르는 것은 두 계단이나 건너뛴 초고속 승진이었다. 시스코 이사회가 두 명의 사장급 인사를 제치고 49살의 로빈스를 CEO 자리에 발탁하자[1] 회사 외부의 애널리스트들은 이 뜻밖의 인사에 놀라움을 감추지 못했다.

그러나 시스코 내부에서는 이미 많은 사람들이 로빈스를 차기 CEO에 가장 적합한 인물이라고 인정하고 있었다. 그의 승진은 철저한 검증을 거친 폭넓은 승계 작업계획의 산물이었다. CEO 승계 과정에 참여한 관리팀 멤버들은 모든 주요 후보자들이 가진 강점과 발전 필요성, 전략적 능력, 약점, 지지층 등 모든 분야에 걸쳐 양적, 질적 평가를 수행했다. 매우 길고 세심했던 이 과정 덕분에 이사회의 최종 결정은 만장일치로 판가름났다. 이사회의 완벽한 승인은 로빈스에 대한 확실한 신뢰의 표시였고, 동시에 시스코 조직 전체와 언론, 외부 주주들에게도 긍정적인 메시지를 보낸 것이었다.

로빈스의 사례는 특이하기도 하지만 매우 교훈적이기도 하다. 그를 최고의 자리까지 오르게 한 '초고속 승진 리더의 길Leapfrog Leader Track'은 우리가 이 책에서 자세히 살펴볼 임원에 이르는 네 가지 핵심 경로Four Core Paths 중 하나다.

필자는 그동안 시스코와 스펜서 스튜어트에서 수백 명의 간부들과 경영진에 오르기를 열망하는 사람들을 코칭해 왔다. 그리고 로빈스처럼 많은 사람들이 자신의 진로를 찾았고 성공의 길을 걸었다. 내가 아는 어느 전략 담당 최고책임자CSO, chief strategy officer는 2008년 금융위기 이후 회사가 벼랑 끝에서 겨우 살아난 뒤 회사의 CSO 자리에 올랐다. 그리고 어느 은행의 재무 담당 최고책임자CFO, chief financial officer는 많은 사람들이 탐내는 포춘 100대 기업의 고위직을 버리고 훨씬 더 작은 기업의 CFO

자리를 받아들였다. 또 다른 한 젊은 인사관리 담당 최고 책임자CHRO, chief human resource officer는 자신을 수차례 재창조하는 노력을 기울인 끝에 마침내 회사의 계급 구조를 혁신적으로 간소화해 수평 조직으로 탈바꿈시키는 데 새로운 재능과 전략을 보여줌으로써 자신이 CEO가 찾는 인물임을 입증했다. 이와 같이 임원이 되는 데 성공한 사람들은 한결같이 전략적으로 미래를 준비해 그 자리에 올랐다는 것을 알 수 있다. 그들은 항상 새로운 기회가 오고 있는지 예의 주시하면서 자신의 경력을 전문적으로 관리했다.

앞으로 설명하겠지만 임원이 되기 위한 방법이 한 가지만 있는 것은 아니다. 이 책에서 우리는 임원이 되기 위해 필요한 올바른 경험과 특별한 마음가짐, 다면 팔로워십이 어떻게 서로 결합되는지 그 복잡한 과정을 살펴볼 것이다. 이 요인들이 어떻게 결합되는지에 따라 각기 다른 네 가지 길 중 하나를 걸어야 하기 때문이다.

이 책에서 필자는 그동안의 개인적인 경험과 수십

명의 성공한 임원들에게서 들었던 생생한 실제 이야기를 바탕으로 어떤 길을 따라가야 가장 빠르게 성공의 기회를 잡을 수 있을지에 대한 전문적인 조언과 함께 여러분에게 가장 알맞은 지침을 찾을 수 있도록 도우려고 한다. 사실 임원이 되는 길은 미리 준비하거나 예측하기가 어렵다. 기업의 환경과 리더십의 정의가 매우 빠르게 변화하고 있기 때문이다. 그러나 임원으로 가는 네 가지 핵심 경로를 제대로 파악하고 자신을 끊임없이 재창조하다 보면 성공 가능성을 크게 높일 수 있을 것이다.

1. 임원을 둘러싼 환경: 직장 생활의 변화를 어떻게 관리하고 받아들일 것인가

솔직히 말하면, 시중에 출간된 경영 서적들은 리더가 되기 위한 조언들로 가득 차 있다. 그러나 최고의 자리에 가까워질수록 그 길은 훨씬 더 좁아지는 것이 현실이다. 필자가 만나 본 대부분의 고위 임원이 자신들의 경력을 매우 전략적으로 관리했을 뿐만 아니라 주변에서 일어나는 변화의 물결에도 전문적인 시각을 유지하며 대응했던 것은 결코 우연이 아니다. 리더로서 당신이 맡은 영역에서 일관된 성과를 유지하면서 한편으로 당신의 리더십 스타일을 시대에 적합하게 맞추는 노력은 전적으로 당신이 해내야 할 몫이다. 요즘 기업에서 고위직에 오르려면 자신만의 일관된 기조를 유지하면서도 어려운 시기를 견뎌낼 수 있는, 동전의 양면과도 같은 두 가지 역량을 다 갖추고 있어야 하기 때문이다.

예를 들어 최근 기업체의 고위 임원진 구성을 살펴

보면 예전에 없던 새로운 자리가 많이 생겨났고 동시에 오랫동안 존재했던 자리가 사라졌다는 것을 알 수 있다. 최근 발표된 한 연구에 따르면,[2] 임원진의 구성은 조직이나 산업에 따라 다양하지만 고위 임원의 수는 계속 조금씩 증가해 1980년대 중반 약 5개에 불과했던 것에서 2000년대 중반에는 거의 10개로 늘어났음을 확인할 수 있다. 임원 수가 이처럼 늘어난 것은 세계화 추세와 함께 각종 리스크가 높아짐에 따라 새로운 전문 지식의 필요성이 증가하면서 기술(기술 담당 최고책임자chief technology officer)과 리스크 및 규제 준수(법무/보안 담당 최고책임자chief legal/security officer), 빅데이터(데이터 담당 최고책임자/개인정보 담당 최고책임자/디지털 담당 최고책임자 chief data officer/privacy officer/digital officer) 같은 새로운 영역에서의 역할이 늘어나고 있음을 드러내는 징후다. 전략적 우선순위가 변하면서 회사들이 "가치를 창출하는 것은 비즈니스가 아니라 사람"[3]이라는 점을 인식함에 따라 고위직에 CHRO라는 자리가 생겨난 것도 같은 맥락이다.

그러나 새로운 자리가 생기면서 영향력이 줄어든 자

리도 있다. 예를 들어 2008~2009년의 경기 침체 여파로 총괄운영 최고책임자(COO chief operations officer) 자리는 크게 줄어들었다. 2016년에 포춘 500대 기업 가운데 COO가 있는 회사는 30%에 불과했고(2000년에는 48%였다), 많은 회사에서 COO의 업무는 CEO나 CFO에게 흡수되었다.[4] 스펜서 스튜어트의 조사에 따르면 이와 비슷한 상황이 정보 담당 최고책임자CIO, chief information officer에게도 벌어졌는데, "디지털 담당 최고책임자CDO, chief digital officer라는 자리가 유행하면서 CIO의 업무까지 대체"해 버린 것이 그런 사례이다.[5]

고위 임원들의 나이와 재임 기간은 우리가 익히 알고 있다고 생각하지만, 그 또한 끊임없이 조금씩 변화하고 있다.

와튼스쿨Warton School 피터 카펠리 교수팀의 연구에 따르면, 2011년 포춘 100대 기업의 리더 가운데 현재 다니고 있는 회사에서 직장 생활을 시작한 사람은 3분의 1이 채 되지 않은 것으로 조사됐다. 이 비율은 2001년에는 45%였고 1980년에는 절반이 넘었었다. 그럼에도 고위 임원의 나이와 재임 기간은 모두 증가하는 추세를 보였다. 이것은 예상치 못한 결과인데, 카펠리 교수는 2008~2009년의 경기 침체를 주요 원인으로 보고 있다.[6] 연구진들은 〈하버드 비즈니스 리뷰Harverd Business Review〉에 발표한 보고서에서 "그런 불확실한 시기에는 고위급 인사들이 새로운 기회를 찾아 조직을 떠나는 것을 주저했을 것이라 생각된다"[7]라고 논평했다.

이런 모순되는 듯한 데이터에도 불구하고 필자가 임원이 된 사람들에게 반복적으로 들었던 이야기는, 그들이 "45세가 되기 전에 고위 임원직에 올라가고" 싶어 했다는 사실이다. 사람들은 누구나 좀 더 이른 나이에 성공하기를 바란다. 그리고 실제로 젊은 사람을 임원으로 뽑는 회사도 있다. 그런 사람들은 대개 다양한 역할을 빠르게 섭렵하고 강력한 조직적 지지를 이끌어내 자신의 경험 곡선을 단축시켰으며, 소셜 미디어 등에 자신의 대외 이미지를 구축한 이른바 '디지털 원주민'에 속하는 경우가 많다. 특히 고위 임원 중 평균 나이가 가장 어린 CIO나 마케팅 담당 최고책임자CMO, chief marketing officer 중에 이런 경우가 많지만,[8] 기존 대기업에서도 종종 이런 특이한 인물을 찾아볼 수 있다. 랄프 로렌Ralph Lauren의 전 CEO 스테판 라르손Stefan Larsson이나 얼라이 파이낸셜Ally Financial의 CEO 제프리 브라운은 불과 41살에 CEO에 오른 인물들이다.

이런 사실에 비춰 보면 요즘 같은 시기에 고위 임원에 오르려면 예전처럼 여러 자질에 대한 검증도 물론 필요하지만, 한편으로는 기업이 정말 필요로 하는 혁신적인 변화를 가져올 수 있는 능력도 갖춰야 한다는 것을 알 수 있다. 필자의 연구에 따르면 기업의 이사회나 CEO는 경험이 풍부하면서도 새로운 사고방식을 가진 임원을 찾고 있다. 요즘 기업은 성장을 위한 방향을 빠르게 바로잡고, 치고 올라오는 경쟁자들을 방어하면서, 고객에게도 집중해야 한다. 리더는 기업이 처한 이러한 현실에 순발력 있게 대처할 수 있어야 한다. 또한 자신이 모든 답을 가지고 있지 않다는 사실도 순순히 인정할 줄 알아야 한다. 기꺼이 스스로를 교정할 줄 알아야 하며 새로운 리더십 규범에도 적응할 수 있어야 한다. 예를 들어 많은 경영 전문가가 지적한 것처럼 요즘 기업은 개별 리더를 양성할 때 수평적 의사소통, 즉 팀의 단합을 위해 어떤 자세로 일하고 있는지에 초점을 맞추고 있다. 그 과정에서 기업가처럼 생각하는 리더를 요구하고 있는 것이다.

우리 주위에서 벌어지고 있는 이러한 변화가 필자가 이 책을 쓰게 된 이유였다. 당신은 외부 환경 변화를 모두 예측할 수 없지만 자신의 직장 경력과 직업 개발 능력을 조심스럽게 주도할 수는 있다. 필자가 인터뷰했던 성공한 임원들과 스펜서 스튜어트와 시스코에서 소통했던 많은 사람들은 예측할 수 없는 복잡한 환경에서 제한된 정보만으로 행동하고 신속하게 적응하는 것을 받아들였다. 그들 각자는 직장 생활에서 예측 가능한 네 가지 경로 중 하나를 따랐으며, 마침내 성공한 지위에 이를 수 있었다. 그 길을 따르다 보면 수없이 많은 갈림길을 만나겠지만, 그 길이 존재한다는 것을 아는 것만으로도 그들은 더 쉽게 변화를 관리할 수 있었다. 이 책을 읽는 당신도 그렇게 되기를 바란다.

2. 고위 임원으로 가는 네 가지 경로

필자의 연구에서는 고위 임원으로 가는 네 가지 중요한 핵심 경로를 밝히고 있다. 필자는 성공적인 임원이 되기 위해서는 이른바 옛날 방식과 새로운 방식 모두가 필요하다고 생각한다. 네 가지 중 두 가지는 '전통적'인 방식이고 나머지 두 가지는 어떤 면에서 볼 때 '새로운' 방식이다. 이제 그 네 가지 경로와 그 경로로 가기 위해 필요한 역량과 경험들을 살펴볼 것이다. 다음 장에서 보다 깊이 논의하겠지만, 이 경로가 어떻게 여러분을 고위 임원으로 이끌어 줄 것인가를 상세히 보여주기 위해 필자가 인터뷰하고 함께 일했던 실제 임원들의 이야기를 곳곳에 넣었다.

고위 임원으로 가는 네 가지 경로

장기근속 간부	프리 에이전트	초고속 승진 리더	창업자
전통적인 경로	전통적인 경로	비전통적인 경로	비전통적인 경로
내부 임명	외부 충원	내부 또는 외부 후보	새로운 벤처 창업자

1) 장기근속 간부

임원으로 가는 가장 일반적인 경로부터 살펴보자. 하지만 이 경로가 생각만큼 항상 뚜렷하게 보이는 것은 아니다.

노련한 장기근속 간부를 임원으로 승진시키는 것은 경영진이 되는 가장 예측 가능한 길로 여겨져 왔다(예를 들어 2012년 데이터에 따르면, 포춘 100대 기업 CFO 의 69%가 내부 승진자였고 31%는 외부 충원자였다).[9] 이는 그럴 만한 이유가 있다. 회사 내부의 선임자를 승진시키는 것은 회사로서도 꽤 이익이 된다. 내부에서 승진시키는 것이 외부에서 새로운 사람을 충원하는 것보다 대개 시간도 절약되고 비용도 적게 들기 때문이다. 연구조사에 따르면 내부 승진자가 승진 후 첫 1년 내에 '높은 성과'를 낼 가능성이 높고, 실제로 승진 후 18개월 내에 성공적인 인사라는 평가를 받는 확률도 더 높은 것으로 나타났다. 요컨대 대부분의 회사는 업무의 일관성을 유지할 수 있고 다른 대안보다 위험성이 적다는 이유 때문에 현직 간부를 임원으로 승진시키는 경우가 많다.[10]

그러나 앞으로 살펴보겠지만, 이 경로를 따르려면 당신은 보다 더 많은 인내심을 가져야 하고, 더 높은 팔로워십을 발휘해야 하며, 임원이 되기 전의 담당 실무 업무를 하기 위해 다른 길에 비해 더 많은 시간을 보내야 한다. 이 경로는 사실 생각만큼 단순하지도, 예측 가능하지도 않다.

2) 프리 에이전트

임원으로 가는 두 번째 경로에서는 외부에서 충원된 간부에 대해 살펴볼 것이다. 여기에는 임원으로 직접 영입되는 사람들과 차기에 경영진으로 오를 '2인자'로 채용되는 사람들이 모두 포함된다. 이 길은 최근 들어 늘어나는 경향을 보이고 있다. 2012년에서 2015년 사이에 CEO의 22%가 외부 조직에서 영입되었다.[11)] CEO의 외부 영입 비율은 이전에 비해 계속 늘어나고 있지만, 다른 임원 자리는 이미 그전부터 외부 영입 비율이 더 높았

다. 2013년의 한 연구에 따르면 CMO의 대부분은 외부에서 충원되었다.[12]

이 경로는 회사의 CEO나 이사회가 외부와 치열하게 경쟁하면서 회사의 부진을 타개하기 위해 회사에 당장 필요한 능력을 가진 사람을 찾다 보니 이전보다 점점 더 매력적인 선택이 되고 있다. 또한 이 길은 조직이 변화를 모색하는 데 더욱 넓은 안목을 가질 수 있게 해 준다는 이점도 있다. 이는 특히 투자자들이 종종 선호하는 요인이기도 하다. 당신이 외부 영입 대상이 되려면 당신의 경력과 평판에 결점이 없음을 보여주어야 하고, 회사 내부의 경쟁자와 비교했을 때 보다 사려 깊은 방식으로 당신만의 리더십 특성을 개발해야 한다.

3) 초고속 승진 리더

CEO나 이사회는 변화와 부진에 대처할 수 있는 리더를 찾는 과정에서, 오랜 전통과 근속 기간을 무시하고 회사 내부의 승진 대상자들보다 몇 단계 아래에 있는 사람을 승진시키기도 한다. 그들은 일반적인 관점에서는 후보자가 될 것 같지 않지만, 올바른 사고방식을 갖고 있고 회사 전체에 새로운 표준을 만들 수 있는 사람을 찾는 과정에서 선택되어 기존의 선순위 후보자들을 앞지르고 있다. 앞에서 척 로빈스가 몇 단계를 건너뛴 초고속 승진자라고 말했지만, 이외에도 39세의 나이에 한 단계를 건너뛰어 CEO가 된 게임 개발 회사 일렉트로닉 아츠 Electronic Arts의 앤드류 윌슨 Addrew Wilson이나 구글을 창업한 래리 페이지 Larry Page가 주도한 깜짝 조직 개편에서 구글 CEO로 승진한 선다 피차이 Sundar Pichai처럼 주목할 만한 초고속 승진의 사례가 많다. 건강보험 회사 애트나 Aetna 의 마크 베르톨리니 Mark Bertolini, 마이크로소프트의 사티아 나델라 Satya Nadella 같은 사람들도 그들이 지닌 부가가

치 능력 때문에 회사 내에서 빠르게 승진한 초고속 승진 리더들이다.[13]

초고속 승진 리더의 길에 오르려면, 먼저 현재 진행되고 있는 기존 산업의 쇠퇴에 정면으로 맞설 준비가 되어 있어야 한다. 또한 당신이 조직 변화를 강력히 주도할 수 있는 적임자라는 사실을 보여주어야 한다. 4장에서 초고속으로 승진한 리더들의 자세한 이야기와 그 경로에 대해 자세히 살펴볼 것이다.

4) 창업자

창업자의 길은 기업가 정신이 투철한 CEO뿐만 아니라, 기존 회사를 떠나 스타트업 회사를 차리거나 새로 창업한 더 젊은 회사에 참여한 CFO, CMO 등 다른 창업 멤버들을 모두 포함한다.

이 경로를 따르는 데 필요한 자질의 특성은 분명히

다 다르다. 해당 위치에서 성공의 길을 찾을 수 있는 남다른 사고방식이 절대적으로 필요하기 때문이다. 예를 들어 기업가적인 리더가 되려면, 이사회보다는 벤처캐피털 투자자를 더 만족시킬 수 있어야 하고, 빛의 속도로 변화하는 척박한 환경에서도 광범위한 책임을 질 줄 알아야 한다. 뿐만 아니라 필자가 인터뷰한 간부들은, 회사를 상장하는 절차를 밟는 창업자의 경우 경영진의 성격 자체가 완전히 다르다는 점을 분명히 알고 있었다. 기업가적인 정신은 아마도 가장 오래 전부터 회사 창업에 필요했던 자질이었지만, 이 책에서는 최근 디지털 경제로 인해 생겨난 기회와 그러한 상황에서 최고 경영진이 되기 위해 필요한 특별한 도전이나 기회에 초점을 맞출 것이다.

3. 그곳까지 이르는 길

2~5장에 걸쳐 앞에 소개한 임원이 되기 위한 네 가지 핵심 경로를 자세히 파헤쳐 볼 것이다. 그에 앞서 각각의 경로와 관련한 고려 사항, 즉 더 나아가기에 앞서 반드시 이해하고 있어야 할 기본 원칙들이 있다. 이를 명확히 하기 위해 몇 가지 선행 질문을 한 다음, 직장 생활에서 벌어지는 주요 항목들을 설명할 것이다. 그 항목들이 당신이 임원으로 가는 성공 가도에 얼마나 도움이 되는 요인인지 혹은 방해가 되는 요인인지 고찰해 볼 것이다.

1) 행동과 경험

우리는 다양한 시각으로 직장 생활에서 일어난 사건들을 살펴볼 것이다. 우선 필자와 인터뷰한 간부들이 경영진으로 승진하는 데 가장 중요했다고 언급했던 그들의 시련 과정을 따라가 볼 것이다. 다음으로 각 경로와 관련이 있는 특별한 경험을 살펴볼 것이다. 예를 들어 장기근속 간부로서 당신이 임원 승진자 후보에 오르기 위해서는 담당 실무를 잘하는 것을 넘어 광범위한 리더십 경험을 가지고 있다는 것을 증명해야 한다. 조직마다 승진에 관한 기준은 조금씩 다르지만, 전략과 운영이라는 두 가지 관점에서 이를 관찰해 보고자 한다. 당신은 둘 중 어느 하나에만 강점을 갖고 있을 수도 있지만, 임원이 되려면 두 분야에 대한 경험을 모두 가지고 있어야 한다.

2) 팔로워십과 자신의 가치

이 광범위하고 중요한 주제에는 당신이 임원이나 이사회와 어떤 관계를 유지하고 있는지 평가하는 것과 업계나 회사 동료들의 평판을 높이는 일이 모두 포함된다. 네가지 경로 중 어느 길을 따라가든, 조직의 각 단계마다 당신을 지지하는 사람들과 동맹군이 많아야 한다. 단언컨대 폭넓은 신뢰와 지지 없이는 어떤 길이든 계속 가기가 어렵다. 그러나 창업자의 경우 초고속 승진의 길을 밟는 사람이나 장기근속 간부에 비해 매우 다른 형태의 추종자들을 필요로 한다. 예를 들어 장기근속 간부 유형에 속했던 코닝Corning의 웬델 웍스Wendell Weeks는 CEO로 지명되었을 때 회사 내부에 많은 지지자들을 보유하고 있었지만, 필자가 이야기를 나눠본 몇몇 창업자들은 전략적인 업계 인맥과 수평적 협력을 이끌어 내는 데 더 큰 강점을 가지고 있었다.

3) 사고방식과 관점

마지막으로 임원으로 성공하기 위해 갖춰야 할, 또는 개발해야 할 일련의 심리적 자산을 강조하고자 한다. 평생에 걸쳐 배움과 재창조의 길을 걷는 것도 그런 자산 중 하나다.

펜실베이니아 대학교 와튼스쿨의 경영학 교수이자 리더십 및 변화관리센터 소장인 마이클 우심Michael Useem 교수는 "임원이 되려는 사람은 누구나 자신을 재창조해야 한다는 점을 인식해야 한다"라고 말한다. 그는 "회사가 재난으로 곤경에 빠져 있을 때도, 모든 일이 완벽하게 잘 돌아가고 있을 때도 마찬가지다. 어떤 상황에서든 자신을 재창조해야 한다"[14]라고 누누이 강조했다.

자신을 재창조하는 것은 당신을 임원에 이르게 만드는 여러 마음가짐 중 하나에 불과하다. 또 다른 마음가짐으로 단순한 자기 인식을 들 수 있다. 당신은 자신의 강점이 무엇인지, 경영진이 되기 위해 당신에게 무엇이 더 필요한지 알고 있는가? 당신은 현재 당신의 상사가 팀의 변화를 주도하는 사람, 전략적 사고를 가진 사람, 합의를 이끌어내는 사람 중 어떤 인재를 원하고 있는지 알고 있는가? 가장 중요한 것은 당신이 구상하는 임원이 되기 위한 포트폴리오에 지금 당장 추가할 수 있는 것은 무엇이고, 앞으로 무엇을 더 추가할 수 있는지 정확히 인식하는 과정이 필요하다.

임원으로 가는 네 가지 핵심 경로를 탐구한 다음에는 경영진이 되는 복합 경로를 소개하고, 간부들이 자신의 경력을 넓히기 위해 어떻게 자신의 진로를 여러 차례 바꾸는지 그 이유와 함께 살펴볼 것이다. 마지막 챕터에서는, 임원 후보에 오른 간부들이 밟아야 할 절차와 협상을 마무리한 뒤 경영진에 자연스럽게 적응하는 것에 관해 고찰할 것이다.

시스코에서 척 로빈스가 CEO 자리를 수락했을 때, CEO에 적응하는 일은 그리 큰 문제가 될 것 같지 않앉다. 그는 시스코 토박이였고 이미 사내에서 널리 존경받고 있었기 때문이다. 그러나 그런 높은 기대에 부합하는 것은 전혀 다른 문제였다. 로빈스는 대기업의 CEO로서 제 역할을 다 하기 위해 무엇이 필요한지 잘 알고 있었다. 그의 전임자인 존 챔버스는 어디에서든 가장 존경받는 조직의 리더로 잘 알려진 인물이다. 챔버스는 아직도 앞서간 전임자로서 로빈스 가까이에서 조언을 하고 있다.

필자는 이 책이 당신의 자기 인식과 자기 개발에 도움이 되기를 바란다. 이 책을 임원이 되기 위한 안내서로 생각해도 좋고, 동료 간부의 조언과 이야기가 담긴 믿을 만한 지침으로 간주해도 좋다. 당신이 어떤 길을 선택하느냐는 전적으로 당신에게 달려 있다. 누구도 당신이 가는 길과 똑같지 않다. 그리고 한 가지 길만 걸었던 리더는 거의 없었다는 사실도 명심하자.

제2장

장기근속
간부

GE에서 제프리 이멜트Jeffrey Immelt의 후임으로 CEO에 올랐던 존 플래너리John Flannery는 GE에서만 30년을 근무한 GE의 실력자였다. IBM의 CEO 지니 로메티Ginni Rometty도 1981년에 시스템 엔지니어로 회사에 입사해 2012년에 CEO에 등극한 인물이다. 제너럴 모터스GM의 CEO 메리 바라Mary Barra 역시 18세의 나이에 전기 엔지니어로 입사해 GM에서만 근무하며 꾸준히 승진했다. 시스코의 힐튼 로만스키Hilton Romanski 전략 담당 최고책임자CSO는 인턴으로 입사해 임원까지 오른 인물이다. 이들은 모두 '장기근속 간부의 길'을 걸은 사람들이다.

장기근속 간부의 길은 한 회사에 15년 이상 근무하면서 꾸준히 경력을 쌓아 차근차근 승진한 경우를 말한다. 장기근속 간부가 임원으로 승진하는 경우는 오랜 역사를 자랑하며, 존경받는 전 세계 수백 개 회사들에서 흔히 볼 수 있는 사례다. 실제로 전 세계 대부분의 CEO와 최고 리더들 중에는 외부 스카우트보다 내부에서 오랫동안 일하면서 승진한 사람들이 많다.

그 이유는 다양하다. 장기근속 간부들은 회사 내부 업무에 대한 지식이 풍부하고 회사의 역사와 내부의 복잡한 사정을 명확히 이해하고 있으며, 현 이사회와 외부 투자자들과 일하는 방식도 잘 알고 있다. 이런 이유 때문에 내부에서 승진한 CEO는 임명 후 몇 년 동안의 성과 측정에서 외부 영입 CEO를 능가하는 경우가 많다.[15]

그러나 앞에서 언급했듯이 내부 승진 사례는 점차 줄어들고 있다. CEO를 외부에서 영입하는 비율은 1970년대의 15%에서 최근에는 33%를 넘어섰다.[16] 연구에 따르면 불확실한 경영 환경에 처한 요즘 기업들은 재무적으로 압박을 받는 상황이 되면 외부 인사 영입에 더 큰 관심을 보이는 경향이 있다고 한다. 주주들 또한 조직의 개혁이 필요할 경우 외부 인사 영입 발표에 더 긍정적인 반응을 보이곤 한다.

장기근속 간부의 길로 임원에 오르려는 간부들은 실력과 능력을 모두 갖추고 있어야 하며, 실제로 많은 사람들이 그랬다. GE의 플래너리는 풍부한 내부 경험과 포용적인 리더십 스타일 덕분에 CEO에 발탁되었지만, 동시에 그는 전통을 탈피하여 예상치 못한 의외의 결정도 할 수 있는 의지가 있음을 확실하게 보여주었다.[17] 메리 바라도 안전 리콜과 긴급 구제자금과 관련해 여러 차례 의회 청문회를 거치는 등 바람 잘 날 없는 상황에서 CEO에 올랐지만, 그 과정에서 힘들게 쌓은 내부 신뢰를 바탕으로 조직을 잘 이끌고 있다.

우리는 이와 같은 장기근속 간부들의 성공 사례를 보고 감탄하면서도, 그들이 한곳에 오래 머물렀기 때문에 그런 불굴의 용기를 키울 수 있었다고 쉽게 말하곤 한다. 하지만 대부분의 경우 그들처럼 한곳에 오래 뿌리를 내리면서 조직 특유의 부침을 겪는 것보다는 차라리 새로운 기회를 찾아 움직이는 편이 더 쉬웠을지도 모른다는 생각도 할 수 있다.

그러나 당신이 임원까지 오르고 싶다면, 한 조직에서 큰 야망을 품는 것에는 여러 가지 긍정적인 측면이 있다. 예를 들어 세계 평면 TV용 유리를 대부분 생산하는 소재 개발회사 코닝의 웬델 웍스 회장 겸 CEO는 필자에게, 코닝의 '발명 문화'가 1983년 코닝에 입사한 이후 발견에 빠진 자신의 열정과 '완벽하게 들어맞았다'고 말했다.[18] GE의 베스 컴스톡Beth Comstock 전 부회장은 GE의 '빠른 속도와 혁신적인 분위기' 덕분에 그녀와 다른 장기근속 리더들이 새로운 아이디어를 공동으로 개발하고 탐구할 수 있었다고 말했다.[19]

흥미로운 것은 이 길이 임원으로 가는 핵심 경로 중 가장 전통적인 길이기는 하지만 다른 경로만큼이나 빠르게 진화하고 있다는 사실이다.

1. '장기근속 간부의 길'에 대한 중요한 질문

업계 환경이 빠른 속도로 불확실해지는 경우 조직은 근속 기간과 상관없이 간부들에게 새로운 것을 요구하는 경향이 있다. 실제로 필자는 기업에서 일어나는 그런 변화가 장기근속 간부의 길을 가장 힘든 경로로 만들고 있다고 생각한다. 오래 근무한 간부들은 내부자의 바람대로 일관성을 보여야 하는 동시에 최근의 변화된 분위기에 부응하기 위해 획기적인 혁신을 추구해야 하기 때문이다. 임원이 되기 위한 장기근속 간부의 길을 가기 전에 짚고 넘어가야 할 몇 가지 중요한 질문을 살펴보기로 하자.

1) 나는 조직의 문화와 잘 맞는가?

스펜서 스튜어트의 북미 CEO 육성 과정의 리더이자 ≪직장 생활 교본The Career Playbook≫의 저자인 짐 시트린

Jim Citrin은 문화적 조화야말로 "간부들이 현재 근무하는 기업에서 성공하기 위해 고려해야 할 가장 기본적인 전제 조건"이라고 말했다.[20] 스펜서 스튜어트의 연구에 따르면 실제로 근무하는 기업에서 성공하지 못하는 간부의 65%는 능력이 부족해서가 아니라 기업 문화가 맞지 않기 때문인 것으로 조사됐다.

골드만삭스의 에디스 쿠퍼Edith Cooper 상무도 기업 문화를 이해하고 포용하는 것이 장기근속 간부의 기본적인 성공 요인이라는 데에 동의했다. 사실 쿠퍼 자신도 1996년에 기업 문화를 염두에 두고 골드만삭스에 입사했고 현재 회사의 경영위원회 위원으로 일하고 있다.

쿠퍼는 금융권 회사에서 10년을 근무한 후 골드만삭스의 글로벌 인적자본 관리팀장으로 입사했다. 능력 우선주의, 협동 정신, '고객에게 가능한 한 최선의 결과를 선사하자'라는 목표 같은 골드만삭스의 기업 문화가 그녀로 하여금 이 회사에서 자신의 미래를 꿈꾸게 해 주었다.[21] 맡은 역할을 충실히 하다 보니 그녀는 어느덧 대외적인 기업 문화의 주요 결정권자가 될 수 있었다.

그러니 조직의 문화가 자신과 맞지 않는다면 이 길을 따라 임원이 되는 것은 불가능하다. 이런 중요한 핵심 요건이 맞지 않으면 어떠한 경우든 성공할 수 없기 때문이다.

2) 나는 조직의 목적에 얼마나 열정을 갖고 있는가?

그러나 장기근속 간부의 길에서 문화와의 조화보다 더 미묘하고 민감한 것은 아마도 '목적의식의 공유'일 것이다. 목적의식의 공유 또는 '내가 왜 이 회사에서 일하는가'와 관련한 열정은 다른 경로에서도 중요하겠지만, 장기근속 간부의 길에서는 특히 더 중요하다. 임원으로 가는 경로 중에서 장기근속 간부의 길이 개인적인 업무 수행 측면에서 가장 멀고도 험한 길이기 때문이다.

목적의식의 공유는 필자가 마이크로소프트의 테리

마이어슨Terry Myerson과 토론했던 주제이기도 하다. 윈도우 및 기기 그룹Windows and Device Group 수석 부사장인 마이어슨은 그가 창업한 소프트웨어 스타트업 인터스Interse Corp.가 당시 빌 게이츠가 경영하던 마이크로소프트에 인수되면서 회사에 합류했다.

마이어슨은 "제 자신도 그 거래에 포함되었지요. 저는 회사의 임원이 될 생각도 없었고 '이 회사에서 오래도록 근무해야지'라는 생각도 없었습니다"라고 회고한다.[22] 그때는 1997년이었고, 현재 마이어슨은 마이크로소프트의 CEO 사티아 나델라에게 보고하는 위치에 있다. 그는 마이크로소프트에서 윈도우, 서피스Surface, 엑스박스Xbox, 마인크래프트Minecraft 등 윈도우 생태계의 모든 소프트웨어, 앱, 게임 부문에 대한 총괄책임을 맡고 있다.

마이어슨이 언급한 목적의식의 공유는 윈도우가 '유비쿼터스 컴퓨팅ubiquitous computing'으로 가는 통로가 되어야 한다는 비전이었다. 그것은 언제 어디서나 인터넷에 연결할 수 있는 환경을 만들어 모든 기기와 앱을 네트워크화함으로써 스마트해진다는 생각이다. 이러한 비전은 빌 게이츠에 이어 마이크로소프트의 CEO에 오른 스티브 발머Steve Ballmer가 처음 품었던 생각이고, 사티아 나델라에게 이어졌으며, 이제 마이어슨이 회사의 미래를 바라보며 지켜가고 있다. 그는 신제품을 개발하며 윈도우 제품과 서비스의 가격을 책정할 때 '우리가 왜 이 일을 하는지에 대한 전략과 이해'의 관점에서 '올바른 것을 계속 수행해 나간다'는 목적의식을 공유하고 있다.[23] (그러나 테리 마이어슨은 사티아 나델라가 2018년 회사의 방향을 윈도우에서 클라우드 서비스로 전환하는 조직 개편 과정에서 21년 동안 근무했던 회사를 떠났다 – 옮긴이).

목적의식의 공유는 장기근속 간부들이 임원으로 가는 길을 따라가면서 방향을 잃지 않도록 힘을 불어넣어 준다. 하나의 제품이나 전략이 실패해도 목적의식을 공유하고 있으면 가고자 하는 목표에서 이탈하지 않게 해주기 때문이다.

3) 나는 조직의 변화에 함께할 수 있는가?

장기근속 간부의 길에서 변화를 포용하든 회피하든 그 변화에 얼마만큼 인내할 수 있는지 여부는 매우 중요하다. 한 조직에서 오랜 세월 근무하다 보면 장애물에 부딪히기 마련이기 때문이다. 장기근속 간부는 회사에 변화가 일어날 때 발생하는 개편의 바람에 휘말리지 않기 위해 적극적이고 지속적으로 변화를 수용해야 한다.

하버드 경영대학원 조직행동학과의 보리스 그로이스버그Boris Groysberg 경영학 교수는 필자에게 이러한 태도가 새로운 것을 배우는 것보다 더 중요하다고 말했다. '더 이상 상관없는 일을 배우지 않는 것'도 새로운 것을 배우는 것만큼이나 중요하다는 의미이다.[24]

"오늘날 간부들은 기술이 초래하는 격랑에서 살아남아야 하고, 소셜 미디어와 그 역할 그리고 클라우드를 이해해야 합니다. 하지만 내일은 어떻게 될까요? 내일은 무언가가 더 달라질 것입니다."

그렇게 되려면 개인의 발전과 전문 직업인으로서의 성장을 모두 가능하게 해줄 일련의 경험을 계속 쌓아야 한다. 간부들의 보직 순환과 새로운 업무 담당을 의무화해 간부들이 계속 배우면서 자신을 개발할 수 있게 하는 회사도 있고, 틀에 박힌 생각을 바꾸는 방식을 찾게 함으로써 간부들을 보다 주도적으로 변화하게 하는 회사도 있다.

GE의 컴스톡 전 부회장도 이 생각에 동의하면서 "리더들은 불확실성에 적응함으로써 자신들의 경력을 발전시킬 수 있는 경험을 추구해야 한다"라고 말했다.

골드만삭스의 쿠퍼 상무는 자신이 런던에서 겪었던 색다른 경험을 이야기해 주었다. 그녀는 골드만삭스에 처음 입사한 뒤 뉴욕에서 에너지 판매 사업을 주도하다가 얼마 지나지 않아 유럽과 아시아의 원자재 사업부를 이끌기 위해 런던으로 갈 기회를 잡았다. 쿠퍼는 "그것은 내가 익숙한 분야에서 벗어나야 하는 큰 변화였다. 새로운 업무를 맡을 특별한 준비가 되어 있다고 생각하지는 않았지만 새로운 지원을 얻고 한 단계 도약할 기회라고 생각했다"라고 말했다. 그러나 그것은 쿠퍼가 임원으로 가기 위해 걸어야 했던 장기근속 간부의 길에서 만나게 될 커다란 변화의 시작에 불과했다.

장기근속 간부의 길에서 변화는 주로 조직의 개혁과 관련이 있다. 리더들은 단지 현재의 기회를 이해하는 것을 넘어 산업의 변화 추세를 파악하고 그에 따라 조직을 올바른 방향으로 이끌어야 한다. 이를 달리 말하면 리더들은 변화를 앞서가야 할 필요가 있다는 의미이다.

이를 달성하기 위한 한 가지 방법은 MIT의 데보라 앤코나Deborah Ancona교수가 언급한 '센스메이킹'(sensemaking, 데이터로 판단하기 어려운 경우에 눈에 보이지 않는 현상이나 사물을 판단하고 즉각 대처하는 능력 - 옮긴이)을 훈련하는 것이다. 조직이론학자 칼 웨익Karl Weick이 처음 주장한 센스메이킹은 "아직 알지 못하는 것을 어떻게 체계화하고 그에 따라 행동할 수 있는가"에 관련한 인지 능력을 말한다. 그에 따르면 센스메이킹 훈련을 통해 리더는 주위 환경에서 어떤 변화가 일어나고 있는지 더 잘 파악할 수 있고, 그에 따른 비전을 세우며, 상황을 연결하고, 새로운 것을 발명해내는 능력을 키울 수 있다.[25]

"영향력을 갖게 해주는 가장 큰 기회를 제공해 주기 때문"에 주도적인 변화를 즐긴다는 베스 컴스톡은 GE가 자신의 재임 시기에 매우 큰 변화와 발전을 겪었다면서 "마치 네댓 개의 다른 회사에서 근무한 것처럼 느껴질 정도"였다고 말했다. 그녀는 변화의 패턴을 관찰하고 전체적인 맥락에서 공통성과 기회를 찾아내는 능력이 자신이 장기근속 간부의 길을 걷는 데 큰 도움이 되었다고 말했다.

자신을 재창조하고 변화를 통해 다른 사람을 이끌 수 없다면 임원이 될 때까지 한 회사에서 오래 근무할 수 없다. 모든 형태의 변화를 이해하는 것이야말로, 임원이 되기 위해 장기근속 간부의 길을 따르는 과정에서 타성에 젖지 않을 수 있는 유효한 구성 요소라 할 수 있다.

4) 나 자신만의 기회를 창출할 수 있는가?

필자가 코칭해 주거나 인터뷰하며 만났던 성공한 장기근속 간부들은 집중력이 강한 야심가들이었지만, 대부분 임원이 되기 위해 다른 길을 엿보기보다는 한 자리에서 오래 기다린 사람들이었다. 다른 어딘가에 '탐낼 만한' 자리가 생겼다고 해서 회사를 그만두는 게 아니라, 자신이 있는 곳에서 전환점을 찾고 뭔가 새로운 일을 하면서 자신의 능력을 최대한 발휘했다.

장기근속 간부들은 눈앞에 보이는 빠른 승진을 택하는 대신 다른 방식으로 생각하며 기회를 도모했다. 컴스톡은 전망이 그리 밝지 않은 자리라도 기꺼이 받아들이며 그곳에서 가치를 창출하고 자신의 타성을 깨는 기회로 삼으라고 권한다.[26] 필자도 간부들에게 승진은 결코 순탄한 길이 아니며 경영진으로 가기 위해서는 다양한 시나리오를 생각하라고 코칭하고 있다.

흥미로운 것은 대부분의 장기근속 간부들은 적어도

한 차례 이상 임원이 될 기회를 놓치고 다음 기회를 기다려야 했다는 것이다. 마이어슨은 필자에게 이렇게 말했다.

"오직 나 자신만을 위해 상황을 보는 것이 아니라, 해가 갈수록 어떻게 다른 사람들에게 가장 크게 영향을 미치는 사람이 되느냐가 중요합니다. 그것은 자신의 노력이 회사의 방향을 결정하는 데 기여하는 바가 클수록 더 중요해지지요."

다시 말하자면, 장기근속 간부의 길은 임원이 되기위해 더 멀리 돌아가는 길인지도 모른다. 하지만 그 길은기다릴 만한 가치가 있는 길이다.

2. 장기근속 간부의 길을 빨리 가려면

임원으로 가는 모든 길에는 세 가지의 중요한 의제가 각기 다르게 적용된다. 장기근속 간부의 길에서 우리는 장기근속 리더들만이 가질 수 있는 특성에 초점을 맞출 것이다. 조직에 관한 깊은 지식과 오랜 시간에 걸쳐 구축된 중요한 관계들이야말로 그들을 다른 이들과 더욱 구분시켜주는 특성이라 할 수 있다.

행동과 경험	사고방식과 관점	팔로워십과 자신의 가치
조직의 부가가치 창출	결단력과 인내심이 조화를 이룬 완강한 끈기	폭넓은 팔로워십
융통성(조직을 발전시킬 기회 모색)	나보다는 회사가 우선인 태도	간부의 지원 확보
변화 주도	조직 내에서 외부적 관점을 개발 : 조직에 적응하면서도 새로운 비전을 제시한다	개인적인 지지자들 활용

1) 행동과 경험

마이크로소프트의 마이어슨은 장기근속 간부의 길에 대한 자신의 경험을 이렇게 요약한다.

"회사가 진정으로 찾는 사람은 모든 종류의 도전을 물리치고 오직 최고가 되겠다는 한 가지 목적을 품고 회사를 앞으로 나아가게 할 수 있는 사람입니다."

정확히 맞는 얘기다. 장기근속 간부가 임원이 되려면 광범위한 업무 지식과 종합적인 리더십 경험을 보여줘야 한다. 여기에 집중하기 위해 필자는 간부들에게 그들의 경험을 다음 세 가지 방식으로 체계화하라고 코칭한다. 바로 가치, 융통성, 변화 주도다.

● 부가가치 창출

우선 당신의 주요 성과가 조직에 부가가치를 창출할 수 있다는 것을 입증해야 한다. 당신이 한 일이 회사에 지속적인 영향력을 미친다는 것을 보여줌으로써 조직 내외의 경쟁자들로부터 당신을 차별화할 필요가 있다.

코닝의 통신사업부에서 외주개발 업무를 주도하고 있던 웬델 웍스는 1995년에 말콤 볼드리지 국가품질상 Malcolm Baldrige National Quality Award을 수상하면서 최고의 전문가로 인정받은 것이 중요한 업적으로 평가받으며 CEO가 되는 데 도움을 받았다. 웍스는 당시 처음 나온 광섬유가 각광을 받으며 그들의 사업이 최고조에 달했던 시기에 그 공로로 볼드리지 상을 수상한 것이 그의 팀이 외부적으로 알려진 계기가 되었다고 말한다.

"우리가 고객을 위해 한 일이 제대로 평가를 받은 것이지요. 또 품질과 혁신 차원에서 우리가 남들보다 낫다는 확신을 주게 되었습니다."

당시 웍스의 부서는 회사 내에서 가장 이익을 많이 내는 전도유망한 부서였다. 필자가 인터뷰한 모든 장기근속 간부는 조직에 중대한 부가가치를 창출한 여러 번의 업적을 증명할 수 있는 사람들이었다.

• 융통성

장기근속 간부들은 상황이 좋을 때든 나쁠 때든 항상 회
사를 좋은 방향으로 이끌 수 있는 융통성을 갖추고 있음
을 보여주어야 한다. CEO나 이사회 위원들은 회사에 오
르막길과 내리막길의 주기가 있다는 것을 잘 알고 있다.
따라서 당신은 리더의 입장에서 어떤 상황이 닥치더라
도 적절하게 처신할 수 있어야 한다.

대부분의 장기근속 간부들과 마찬가지로 웍스도 회
사가 천당과 지옥을 오가는 것을 목격했다. 그가 맡고 있
던 광섬유 부문이 호황을 맞으면서 코닝의 사업은 1990
년대 중반에 크게 성장했다.

"우리는 인터넷 버블의 덕을 톡톡히 보았습니다. 그
시대의 위대한 발명품인 인터넷에 힘입어 첨단 광섬유
네트워크를 구축할 수 있었으니까요. 그 어느 때보다 큰
성공을 거두었습니다."

그러나 2001년이 되자 통신 버블이 터졌고 회사는
완전히 나락으로 떨어졌다. 그동안 번 돈은 몽땅 사라

졌고, 회사의 가치는 18개월도 되지 않아 1,200억 달러(140조 원)에서 15억 달러(1조 8,000억 원)로 떨어졌다. 윅스는 바로 이런 상황에서 해결사로 나섰다. 윅스는 "당시 CEO였던 제이미 호튼Jamie Houghton은 저에게 '자네가 이 위기를 타개할 수 있네. 이제 자네가 끝까지 마무리해 주게'라고 말했지요"라고 회고했다.

그때가 바로 명백한 변곡점이었다. 윅스와 호튼은 "위기는 또한 절호의 기회이기 때문에 시간 낭비할 틈이 없다"라고 판단했다. 그들은 그때야말로 "어떤 회사가 되어야 할지 결정할 순간이라고 생각하고, 혁신을 통해 액정 디스플레이LCD 같은 중요 부품을 생산하는 핵심 성장 사업"을 찾았다.[27]

윅스는 회사의 구조조정을 이끌었고 마침내 회사는 다시 수익을 내기 시작했다. 그는 2002년 4월 코닝의 대표이사 겸 COO가 되었고, 2005년 4월에 CEO로 지명되었다.

마이크로소프트의 마이어슨도 좋은 시절과 어려웠던 시절, 그리고 그 자신과 동료들이 어떻게 그 상황을 헤쳐 나왔는지에 대해 비슷한 이야기를 들려주었다. 2016년 마이크로소프트는 사상 최초로 누적 매출 1조 달러를 돌파했지만(윈도우가 PC 시장을 장악했기에 가능한 성공이었다) 이미 큰 도전에 직면해 있었다. 회사는 검색엔진 빙Bing을 만들어 구글에 도전장을 내밀었지만, 소비자들에게 기본 검색엔진으로 확고하게 인식되어 있는 구글을 밀어내기에는 역부족이었다. 또한 마이어슨은 애플의 아이폰과 구글의 안드로이드폰에 대적할 수 있는 윈도우폰 개발에도 직접 나섰다. 초기부터 거액의 투자를 단행했지만, 그 계획은 시장에서 완전한 실패로 끝났다.

마이어슨에게 장기근속 간부로서 조직을 높은 수준으로 이끈다는 말은 "항상 높은 기준을 유지하고, 더 좋은 제품과 더 좋은 결과를 위해 노력하며, 성공과 도전과 혼란을 거듭하면서도 불가능한 언덕을 뛰어넘는 불굴의 인간이 된다"는 것을 의미했다.

● 변화 주도

마지막으로, 장기근속 간부는 어려운 변화를 통해 조직을 이끌 수 있어야 한다. 반전, 변화, 구조 개혁은 리더에게 필요한 핵심 자질일 뿐만 아니라 그런 강한 압박 속에서도 조직을 이끌 수 있는 능력이 있음을 증명하는 시험대이기도 하다.

윅스는 광섬유 사업이 붕괴된 이후 회사의 방향을 완전히 바꾼 경험이 다른 어떤 것보다 그를 확실한 리더로 자리매김해 주었으며 이후 CEO가 될 수 있는 가장 큰 준비가 되었다고 회고했다.

그는 "당신이 뭔가 잘못했을 때나 상황이 갑자기 악화됐을 때, 많은 사람들이 당신 때문에 그 대가를 치른다는 사실을 깨닫지 못하면 리더가 될 수 없다"라고 말했다. "당신은 그렇게 함으로써 비로소 어떻게 하면 모든 일을 바로잡을 수 있을지, 어떻게 하면 모든 일을 올바르게 유지하고 사람들과의 사회적 계약을 진지하게 다룰 수 있을지에 대해서도 생각하게 됩니다."

골드만삭스의 쿠퍼 상무도 이에 동의했다. 그에 따르면 최고 리더에게는 가장 어렵지만 필수적인 기술이 요구되는데, 그것은 바로 사람들의 삶에 영향을 주는 어려운 결정을 할 수 있는 능력과 조직의 진정한 가치를 보여주며 소통하는 방법을 찾는 능력이라고 말했다. 그러면서 거기에는 "사람들에 대한 깊은 존경심과 그들이 갖고 있는 재능과 가치에 대한 존중"이 포함된다고 덧붙였다. "리더는 불편한 것을 편안하게 느낄 수 있어야 합니다. 그때가 당신이 리더로서 가장 크게 성장할 수 있는 때이니까요."

장기근속 간부는 그 말이 의미하듯이, 어려운 상황이 발생했을 때 다른 기회를 찾아 떠나지 않은 사람들이다. 그들은 모든 시장 환경과 회사의 실적 결과를 그대로 받아들이고 이에 대응했다. 당신이 리더로서 이 길을 따라가다 보면, 가치를 창출하고 융통성을 보여주고 변화 관리를 시도할 기회를 분명히 만나게 될 것이다. 당신이 어떻게 대응하느냐에 따라 임원 후보자 목록에 당신의 이름을 올릴 수도 있고, 다른 길을 모색해야 할 수도 있다.

2) 사고방식과 관점

간부들이 조직을 이끄는 데 필요한 감성적 요건을 다루는 성격 테스트나 리더십 모델은 많다. 리더의 바람직한 특성으로는 결단력, 자신감, 감성 지능[EI], 인간성 등이 있다. 이 모든 속성이 리더에게 중요한 역할을 한다. 또 성실성 같은 핵심 자질이 없다면 임원이 되기 어려울 것이다.

장기근속 간부는 반드시 그런 핵심 자질에서 뛰어나야 하며, 자신을 구분된 존재로 만들 수 있는 특성들을 키우는 데 집중해야 한다.

• 끈기

임원이 되려는 사람에게 필요한 가장 첫 번째 특성은 끈기와 관련이 있다. 장기근속 간부의 길을 가려는 리더들은 좋을 때든 나쁠 때든 한 조직에 남기로 결심해야 한다. 끈기는 충성심, 집중력, 헌신, 인내 등 꽤 다양한 방식으로 드러난다. 그 중에서도 끈기를 가장 잘 드러내는 것은 단순히 '인내하는 자세'다(물론 우리는 인내하거나 내 차례를 기다리는 일이 단순하지 않다는 것을 잘 안다). 그러나 장기근속 간부의 길에서는 인내만이 보상받을 수 있다. 제약회사 G&W 연구소G&W Labs의 대표이사이자 COO인 제이 갈리오타Jay Galeota의 경우가 그렇다.

2016년 G&W에 합류하기 전에 갈리오타는 글로벌 제약회사 머크Merck에서 28년 동안 승승장구했다. 그는 2009년에 CSO 후보에 처음 올라 면접까지 치렀지만 회사는 결국 외부 인사를 영입했다. 갈리오타는 매우 실망했지만 담담하게 받아들였다.

회사는 갈리오타에게 CSO 대신 회사의 병원 제품부

를 맡아 달라고 요청했다. 결과적으로 갈리오타에게는 그 일이 특별한 경험이 되었다. 그는 일곱 가지 치료 분야의 27개 제품으로 구성된 110억 달러 규모의 글로벌 비즈니스를 운영하게 되었다. 그것은 실제로 임원의 역할에 버금가는 '멋진 대안'이었고 궁극적으로 임원으로 가는 자리였다.

몇 년 후, 다시 CSO 자리가 나자 그는 두 번째 면접을 치렀고 이번에는 그 자리를 꿰차는 데 성공했다.

"제가 CSO가 된 일련의 과정은 정말 신이 주신 선물과도 같았습니다. 몇 년 일찍 임원이 되었다면 결코 얻지 못했을 높은 수준의 운영 경험을 할 수 있었으니까요."[28]

갈리오타의 경우, 인내는 오히려 새로운 경험을 하도록 해 주었고 그는 기꺼이 미래의 성공을 위해 기다리는 쪽을 택했다.

인내는 회사가 조직 개편을 통해 업무를 재조정하거나 새로운 기회를 만드는 동안 잠시 멈추는 것을 의미하기도 한다. 윅스와 마이어슨도 조직의 환경 변화가 회사에서 승진하는 데 도움이 되었다고 말했다.

● 회사를 먼저 생각하는 자세

장기근속 간부의 길을 가는 리더들을 더 빨리 목표에 이르게 해 주는 또 다른 사고방식은, 눈앞의 승진을 열망하기보다 회사의 상황을 먼저 생각하는 자세다. 앞서 언급했듯이 임원이 되는 길이 장기근속 간부의 길만 있는 것은 아니다. 창업자의 길도 있고 프리 에이전트의 길도 있다.

윅스는 CEO가 되기까지 자신의 여정이 남들이 부러워하는 탄탄대로가 아니라, "자신의 열정을 따라 그때그때 맡은 일을 완전히 숙달하는 과정"이었다고 말했다.

"저는 거의 매번 승진 제안을 거절했습니다. 그들이 정중히 요청할 때까지 말이지요. 그러면 그들은 '우리는 당신이 이 자리를 잠시 맡아 주시길 원합니다'라고 말하곤 했습니다."

그는 "강도 높은 열정으로 내 일에 집중하다 보면 조직에서 나를 끌어올리게 되어 있다"라고 말했다.

컴스톡도 이에 동의했다.

"저는 항상 제가 하고 있는 일에서 더 나아지기를 원했을 뿐입니다. 그렇게 하면서 변화와 혁신을 모색하다 보니 기회가 다가오더군요."

이것이 장기근속 간부들이 공통적으로 보여주는 '절제 정신'이다. 자신이 맡은 일을 가장 잘하기 위해 집중하다 보면 승진은 따라오게 마련이라는 것이다.

● 내부 국외자 되기

장기근속 간부에게 필요한 세 번째 사고방식은 소위 '내부 국외자'가 되는 것이다. 이는 조직 문화에 적응하면서도 새로운 관점의 아이디어와 통찰력으로 두각을 나타내는 것을 말한다. 사실대로 말하자면, 절반의 '내부자'가 절반의 '국외자'보다 장기근속 간부의 길에서 목표를 성취하기가 훨씬 쉽다.

하버드 경영대학원의 조셉 바우어 명예교수는 2007
년에 《내부 CEO: 내부 국외자가 왜 승계에 중요한가
The CEO within: Why Inside Outsiders Are the Key to Succession》라는 내
부 국외자에 관한 책을 썼다. 이 책에서 그는 진정한 내
부 국외자는 "회사를 방금 매입한 사람의 눈으로 자신의
역할을 바라본다. 즉 한 조직 내에서 오래 근무함으로써
생기는 인지적이고 감정적인 고리에 얽매이지 않는다"
라고 말하고 있다.[29]

이러한 사고방식이 적극적으로 계발되어야 한다. 장
기근속 간부는 열린 마음으로 항상 목표를 숙지하며 인
접 산업과 조직에서 어떻게 일이 이루어지고 있는지를
늘 주시해야 한다.

갈리오타는 머크에서 28년을 보냈지만 자신을 내부
국외자라고 표현했다. 그는 다른 곳에서는 일이 어떻게
처리되는지, 그가 소통하고 있는 다른 회사나 산업에서

어떤 아이디어를 차용해 올 수 있는지를 보기 위해 항상 회사 밖의 상황을 살피는 것을 게을리하지 않았다. 컴스톡도 '우리에게 중요할지 모를 새로운 트렌드'를 알기 위해 항상 외부와의 연결이 끊어지지 않도록 유지했다고 말했다.

"GE는 리더십 개발이 활발하게 이루어지는 큰 회사여서 배타적이 되기 쉽습니다. 하지만 저는 외부의 시각으로 모든 것을 보기 위해 외부 세계와 연결 고리를 유지했지요."

컴스톡은 또 내부 국외자가 되는 것은 '여백의 기회(white space opportunity, 선입견 없이 백지 상태에서 생각하는 것 - 옮긴이)'를 찾는 데에도 도움이 되었다고 말했다.

두 가지 서로 다른 사고가 공존하는 내부 국외자의 사고방식을 가지려면 통합과 균형에 대한 재능이 있어야 한다. 장기근속 간부는 성공에 집중해야 하지만 기다릴 줄도 알아야 한다. 즉 열정을 불사르는 노력을 추구하면서도 자신보다는 조직의 성공을 먼저 생각하고, 몸은 조직 내부에 있지만 외부자의 관점을 유지해야 하는 것이다. 이렇게 정반대의 사고를 동시에 갖추는 것은 쉬운 일은 아니지만, 장기근속 간부가 임원이 되는 길을 밟다 보면 자연스럽게 길러진다. 오랜 시간 동안 축적된 조직의 업무 지식이 자신이 추구하려는 전문적인 목적과 조직이 가장 필요로 하는 것을 조율하는 데 도움을 주기 때문이다.

3) 팔로워십과 자신의 가치

장기근속 간부의 길에서 팔로워십은 또 다른 균형 감각이다. 모든 간부들은 조직 안팎으로 광범위한 지원과 존중을 받을 수 있어야 한다. 그러나 필자는 조직 내에서 자신을 끌어주려는 상사 없이는 어느 수준 이상 성장하는 것은 불가능하다고 생각한다. 장기근속 간부의 길에서 승진의 기회를 잡으려면 무엇보다도 조직 내에서 위로부터의 지원을 확보하는 것이 필요하다.

이에 대한 전통적인 사고방식은 후원자의 관점으로 보는 것이다. 실비아 앤 휴렛Sylvia Ann Hewlett은 그녀의 책 ≪(멘토 대신) 후원자를 찾아라: 직장에서 빨리 승진하는 새로운 방법(Forget a Mentor) Find a Sponsor: The New Way to Fast-Track Your Career≫에서 멘토는 조언과 격려를 해 줌으로써 '측면에서 당신을 지원'해 주지만 후원자는 '직접 자신의 자리를 물려줄 수 있는' 지원자이기 때문에 훨씬 더 강력하다고 주장한다. 예를 들어 후원자들은 당신에게 주요 보직을 제안하기도 하고, 상황이 안 좋을 때 당신을 보호해 주기도 하며, 새로운 기회가 생기면 당신에게 알려주고, 당연히 승진 후보자 명단에 당신의 이름을 올려놓는다.30) 경제학자이며 재능혁신센터Center for Talent Innovation의 설립자이자 대표인 휴렛은 특히 여성 간부들이 승진해야 한다고 강력히 주장하는 사람이지만, 그녀의 주장은 남녀 불문 모든 장기근속 간부들에게 적합한 도구다.

골드만삭스에서 일하는 두 명의 여성 임원 중 한 명인 쿠퍼도 골드만삭스에서 근무하는 동안 후원자의 도움을 크게 받은 사람이다. "누누이 강조하지만 제가 어려운 상황에 처했을 때에도 그들은 결코 저를 봐주지 않았습니다. 오히려 저를 더 압박하고 제게 더 큰 역할과 보직을 주었지요." 몇몇 후원자들은 처음부터 그녀의 경력에 관심을 보였다. "때로는 그들이 오히려 저보다도 더 저를 신뢰했다니까요."

윅스에게도 당시 코닝의 회장을 포함해 그를 지원해주는 그룹이 있었다. 그들은 윅스의 뒤에서 그를 응원했고, 그에게 필요한 지원을 마다하지 않았으며, 그를 위해 한 목소리를 냈다.

후원자를 만드는 방법이 뭐냐고? 휴렛이 말하는 한가지 방법은 높은 성과를 내는 것이다. 목표를 초과 달성하는 사람은 후원자를 얻을 가능성이 그만큼 높다. 또 다른 방법은 충성심이다. 후원자들은 회사 일에 전념할 것으로 기대되는 믿을 만한 헌신적인 사람을 찾는다. 마지막으로 후원자들은 다른 사람들과 구분되는 자신만의 능력으로 회사에 부가가치를 창출해 줄 자질을 보여주

는 사람을 찾는다.[31]

갈리오타는 처음부터 단지 자신의 경험을 나열하는 이력서가 아니라 '타인과의 관계를 보여주는 인간관계 이력서'를 만들기 위해 노력하라고 제안한다.

"저는 처음부터 신중하게 조직 내에서 그런 인간관계를 갖고 있다고 생각되는 사람들을 찾았습니다. 그리고 그들이 회의에서 발표할 때나 외부 파트너나 상사들과 함께 일하는 것을 계속 관찰했지요. 그런 사람들을 찾기 위해 항상 가까운 거리를 유지했고 그들에게서 배웠습니다. 그런 사람들 중 상당수가 일찍 승진했고 저는 그들이 했던 것처럼 따라 하려고 노력했지요."

상사 후원자의 지지를 얻는 것은 장기근속 간부가 관심을 기울여야 할 가장 중요한 팔로워십이다. 그러나 후원자가 장기근속 간부의 길을 가는 유일한 가드레일은 아니다. 두 번째로 중요한 것은 가족과 친구들에게도 꾸준하게 지원받는 것이다. 왜냐고? 기업 이사와 CEO

를 자문하는 회사를 운영하며 본인도 기업 CEO를 역임한 바 있는 댄 시암파Dan Ciampa는 "정상의 자리는 외롭다. 간부들은 자신의 장기 근무를 지속하기 위해, 그리고 리더로서 오랫동안 성공하기 위해 자신의 건강을 소홀히 하면 안 된다"라고 지적했다.[32]

업무 스트레스가 당신의 건강을 해칠 때나 임원으로 가는 길을 위태롭게 할 때, 가족과 친구는 당신이 빨리 회복하고 재충전하는 데 큰 도움이 된다. 그들은 또 당신이 '총체적인 관점에서 상황을 보는 시야를 잃지 않도록' 도와준다. 한 임원은 필자에게 이렇게 말했다.

"20년을 함께 지낸 직장 동료는 가족과도 같은 존재들입니다. 하지만 가정이야말로 당신이 성공하기 위해 필요한 진짜 지원을 얻을 수 있는 곳입니다."

3. 장기근속 간부: 빨리 발전하는 사람과 탈선하는 사람의 특성

빨리 발전하는 사람의 특성	탈선하는 사람의 특성
조직 문화에 자연스럽게 적응하고 조직 내의 성공적인 운영 방법을 잘 알고 있다.	회사 문화에 적응하지 못하는 국외자처럼 행동하고 조직 내부의 역학을 이해하지 못한다.
공통의 목표를 가지고 그 목표를 향해 같은 방향으로 행동한다.	'왜 우리가 여기서 함께 일하는 지' 더 큰 목표를 인식하지 못한다.
회사의 업무 지식과 산업의 미래 트렌드에 모두 능통하다.	오직 단기 목표에만 집중하고 눈앞의 승리만 추구한다.
회사에 지속적인 부가가치를 창출해 주는 업적을 가지고 있다.	오직 승진만 염두에 두고 의사 결정을 한다.
어떠한 시장 상황에서도 회사를 발전시키며 혁신적 변화를 주도한다.	'상황이 좋지 않은 기간' 중에는 비전을 품지 못하고 조직 혁신에 직접 나서는 것을 원치 않는다.
자신의 단기적 열망보다 조직의 필요를 우선으로 생각한다.	남들과 다른 아이디어를 가지고 있어도 그 아이디어를 동료에게 말하지 않는다.
내부적 국외자의 관점을 가지고, 회사 문화에 적응하면서도 다른 사람과 구분되는 아이디어와 통찰력을 보인다.	조직 내 인맥을 구축하는 것을 힘들어 한다.
조직 내에 자신을 지지해 주는 후원자를 여러 명 확보한다.	상사와 동질감을 느끼지 못하고 지원받아야 한다는 생각도 하지 않는다.
친구와 가족들의 개인적 지지를 받으며 회복력을 키운다.	

제3장

프리
에이전트

데이비드 시몬스는 비상장 회사인 파머세티컬 프로덕트 디벨로프먼트Pharmaceutical Product Development Inc. PPD라는 회사의 회장 겸 CEO로 떠나기 전까지 글로벌 제약회사 파이자Pfizer에서 대표이사 전무(신흥시장 및 기존 제품 담당)를 지낸 바 있는 성공의 상징적인 인물이었다.

시몬스는 "다음 단계로 도약해 월드 클래스 기업을 이끄는 것은 내게 매우 중요한 기회'였다고 말했다.[33] 그러면서도 유명 글로벌 기업의 CEO에게 직접 보고하는, 남들이 부러워하는 고위직을 떠나는 것이 매우 어려운 선택이었음을 고백했다.

그는 철강 산업에서 근무하다가 1996년부터 파이자의 영국 IT 인프라 그룹을 이끌며 15년 동안 근무했다. IT 분야에서 몇 년간 '뜻밖의 보람찬' 시간을 보낸 후 그리스 지사장이 되면서 처음으로 사업의 손익을 책임지는 총괄 관리자가 되었다. 이때가 시몬스 스스로 자신의 경력 기간 중 '떠돌이 여행자'라고 부르던 시절에서 '신중한 전략가'로 변하게 된 시기였다.

"당시 저는 제 미래에 대해 진지하게 생각하지 않았

습니다. 그저 꿈만 꾸며 살았지요. 그러다가 제가 꿈을 이룰 수 있는 가능성이 얼마나 있는지 생각하기 시작했고, '장기적 안목을 가지고 계획을 세워야 한다는 것'을 깨닫게 되었습니다."

나중에 시몬스가 PPD의 CEO로 스카우트되었을 때 그는 이미 파이자의 임원이 되어 있었다. 그는 임원으로서 파이자에서 맡은 일이 매우 만족스러웠지만 파이자를 떠난다는 전략적 결정을 내렸다. 시몬스는 프리 에이전트가 되어 더 높은 자리로 옮기기로 한 것이다.

"제 자신을 시험해 보고 싶었습니다. 그리고 파이자에서 5년 이내에 CEO가 될 기회가 저에게 올 것인지 그 가능성을 생각해 보았지요…. 그것은 매우 불확실했습니다."

필자가 인터뷰했던 많은 임원들처럼 시몬스도 많은 내부 경쟁자를 물리치고 외부에서 들어와 정상의 자리에 오른 경우다. 프리 에이전트는 다음 차례에 CEO가 된다는 확실한 협정을 맺고 '넘버 투(COO나 다른 임원직)' 자리에 들어올 수도 있다. 그런 경우에는 공식 승계가 이뤄지기 전에 그 조직을 이해하기 위해 몇 년을 보낸다. 임원이 되기 위한 이런 길을 필자는 '프리 에이전트의 길'이라고 지칭하는데, 임원이 되기 위해 외부에서 충원되는 길을 추구하는 간부들에게 꽤 인기 있는 시나리오다.

프리 에이전트가 장기근속 간부와 다른 점은 고위 임원이 외부에서 들어온다는 점에서 다른 종류의 리스크가 발생하는 것이다. 외부 인력 충원으로 그 자리를 안정시키는 것은 전략적으로도 중요하다. 프리 에이전트가 되는 일은 새로운 기회의 시기를 맞는 것이기도 하지만 매우 많은 변수가 작용한다. 이 길로 더 나아가기 전에, 과연 헤드헌팅업계, CEO, 이사회 등이 선호하는 외부 인사의 재능이 어떤 것인지 먼저 살펴보아야 한다. 이런 점들을 염두에 두어야만 당신이 임원이 되기 위해 어떤 길을 가야 할 것인지 올바른 선택을 할 수 있을 것이다.

1. 다 된 집을 살 것인가 내가 지을 것인가

2012년에서 2015년 사이 전 세계 2,500개 대기업 CEO에 지명된 사람들 중 22%가 외부 조직에서 충원되었다는 사실은 주목할 만하다.[34] 이 수치는 이전에 비해 CEO의 외부 충원이 증가하고 있음을 보여준다. 일반 임원까지 확대하면 이 비율은 더 높아진다. 앞서 언급했듯이 2013년 연구에 따르면 CMO의 경우 대부분 외부에서 충원됐다.[35] 그러나 러셀 레이놀즈Russell Reynolds의 연구에 따르면 CFO의 경우는 내부 승진자가 대부분이었고 외부 충원자는 극소수에 불과했다.[36]

어느 임원 자리든, 임원 채용의 트렌드는 조직 자체만큼이나 빠르게 변하고 있다. 필자가 연구를 진행하면서 여러 동료와 전문가들과 상의해 본 결과, 기업들은 내부에 임원이 될 만한 인재가 부족한 상황에서 여러 이유로 외부 인재 영입에 눈을 돌리고 있다는 것을 알게 되었다.

기업들이 외부에서 임원을 찾는 가장 일반적인 이유는 변화에 대응하기 위해서다. 2016년의 한 조사에 따르면, 영업 담당 임원과 인사 담당 임원의 92%는 기업이 자신들에게 바라는 가장 중요한 것이 조직을 글로벌 비즈니스 요구 수준에 맞도록 재정비해 달라는 것이었다고 대답했다.[37] 〈하버드 비즈니스 리뷰〉도 "가장 큰 혼란을 겪고 있는 산업계가 전체 산업 평균보다 외부 인재 충원 비율이 더 높다"[38]라며 "통신 산업의 경우, 지난 4년 동안 신규 CEO의 38%가 회사 외부에서 충원됐다"고 보고했다.[39]

기업들이 변화와 혁신을 중요시하기 때문에 보다 많은 인재들이 여러 가지 방식으로 프리 에이전트의 길을 걷는다는 증거는 충분하다.

예를 들어 금융 산업의 오랜 베테랑인 브라이언 듀페레오Brian Duperreault는 2017년 피터 D. 핸콕Peter D. Hancock의 후임으로 재벌 보험사 AIG의 CEO로 영입되었다. 기업 회생 전문가로 잘 알려진 업계의 베테랑 듀페레오는 AIG가 연방준비제도의 구제 금융을 받은 후 9년이 지난 뒤에야, 한 인터뷰에서 자신이 이 보험사를 성장시키라는 특명을 받고 영입되었음을 분명히 밝혔다.[40] 케빈 존슨Kevin Johnson은 주니퍼네트워크Juniper Networks에서 스타벅스의 COO로 스카우트된 후, 야심 찬 창업자 하워드 슐츠의 후임 CEO가 되었다. 기술 산업에서 잔뼈가 굵은 존슨은 스타벅스의 모바일 기술 역량을 확대하고 새로운 제품과 기술을 창출하기 위해 영입되었다. 이러한 예는 아주 흔하다. 프리 에이전트는 결국 변화를 위한 행동가라고 할 수 있다.

임원이 되기 위한 프리 에이전트의 길에 영향을 미치는 또 다른 변화는, 회사의 실적이나 주가가 하락할 때 회사에 새로운 사고와 새로운 리더십이 필요하다며 영향력을 행사하는, 이른바 행동주의 투자자와 주주들의 역습이다. 이는 확실히 세계적인 추세로, 최근 미국에서 이와 관련해 가장 기억에 남는 사례는 2017년 승차 공유 기업 우버Uber에서 발생했다. 당시 투자자들은 회사 운영과 관련해 여러 구설수에 오른 창업자 트래비스 칼라닉Travis Kalanick CEO의 사퇴를 압박했고, 이사회는 결국 익스피디아Expedia의 CEO였던 다라 코스로샤히Dara Khosrowshahi를 우버의 새 CEO로 영입했다.

프리 에이전트의 길은 회사에 전략적 전환이 필요하거나 기존 경영진이 특정 시점에서 조직을 지탱해 나갈 기술이나 경험이 부재할 때 열린다. 그러나 이렇게 새로운 외부 인재를 영입하는 경우 종종 외부에서 들어오는 새 임원이 조직의 문화에 쉽게 적응하기 어렵다는 문제가 공존한다는 점에 주목해야 한다. 조직 문화나 심도 있는 임원 훈련, 기존 간부진들 사이의 기대 등 단지 몇 가지 문제만 들어도 프리 에이전트가 새 회사를 이끌기가 쉽지 않음을 알 수 있다.

이 같은 사항들을 고려할 때, 이 길이 독특한 도전의 기회를 가지고 있다는 것만은 분명하다. 따라서 프리 에이전트의 길을 가려는 리더들은 그 어느 때보다 더 전략적일 필요가 있다.

2. 프리 에이전트의 길에 대한 중요한 질문

필자가 알고 지내는 어느 임원은 통신 부문에서 80억 달러 규모의 회사를 운영하고 있는데, 언젠가 CEO가 될 인재이고. 주변 사람들도 다 그렇게 생각한다. 하지만 그는 현재 일하고 있는 회사에서 CEO가 되기를 원하지 않는다. 그는 규모는 더 작아도 보다 창조적이고 모험적인 기업가형 조직을 이끌겠다는 생각을 품고 있다. 필자의 가까운 친구 한 사람도 대형 경영 컨설팅 회사의 채용 담당 고급 간부인데, 그녀는 CHRO가 되고 싶어 한다. 그녀는 자신이 CHRO가 되기 전에는 행복하지 않을 것이라는 사실을 알고 있으며, 다른 사람들에게도 그렇게 말하고 다닌다. 그녀를 아는 사람들이 그녀가 그렇게 될 수 있도록 도울 수 있다면, 그런 생각을 굳이 숨길 이유가 있을까?

프리 에이전트가 되려면 언제가 떠나야 할 적기인지 결정할 수 있는 자기 성찰이 필요하다. 한 조직을 떠나 다른 조직으로 가는 것에는 반드시 득실이 있게 마련이다. 자신이 원하는 것을 제대로 알고 있느냐(그리고 이직의 위험을 충분히 평가할 수 있느냐)가 전투의 절반을 차지한다. 프리 에이전트의 길을 통해 당신이 원하는 곳에 이를 수 있을지 판단하는 데 도움이 되는 몇 가지 중요한 질문을 생각해 보면서 이 길을 제대로 살펴보기로 하자.

1) 현재 근무하는 회사가 나와 잘 맞는가?

자신이 지금 근무하는 회사와 잘 맞지 않는다고 생각하는 간부들은 장기근속 간부의 길을 떠나 프리 에이전트의 길을 가게 될 것이다. 필자의 연구에서도 회사와 맞는지 여부를 가장 잘 보여주는 변수가 기업 문화라는 점을 발견했다. 기업 문화는 합병, 리더십의 변동, 회사의 방향 전환, 사업 모델의 변경, 산업의 변화 같은 사건들이 발생하면서 조직의 핵심가치를 재조정할 때 변화하게 된다. 이러한 변화의 시기에 장기근속 간부들이 그 변화에 편승하지 못하면 회사가 그들을 인정하지 않는 상황이 올 수 있다. 간부들이 회사에 제대로 적응하지 못하고 떠나게 만드는 또 다른 변수는 실력과 열망이다. 회사가 자신의 실력과 재능을 더 이상 가치 있게 평가하지 않거나 자신의 아이디어와 열망이 조직의 방향과 일치하지 않는다면, 그것이야말로 자신의 위치를 새로운 곳으로 바꾸라는 신호다.

2) 임원 후보에 끼지 못하면 어떻게 하지?

조직 내에서 원하는 자리를 차지하지 못하면 장기근속 간부들은 종종 프리 에이전트로 변한다. 시나리오는 다음과 같다. 조직의 상위 5%로 올라선 지 10년 이상이 된 당신은 이제 임원이 되기까지 한두 단계밖에 남지 않았다. 마침 임원 자리가 나서 당신에게 임원이 될 기회가 찾아왔고, 드디어 최종 후보자 명단이 만들어졌다. 그런

데 당신 이름이 거기에 없다. 자, 이제 선택해야 한다. 남을 것인가, 떠날 것인가?

척 로빈스가 시스코에서 존 챔버스의 뒤를 이어 CEO가 되었을 때 시스코는 몇몇 고위 임원들을 잃었다. 그들은 재능이 부족한 사람들이 아니라 오히려 높은 성과를 보인 사람들이었다. 그러나 그들은 CEO에 더 빨리 다가가기 위해서는 다른 곳으로 옮겨야 한다고 생각했다. 그들이 시스코에서 CEO 자리에 가까워졌다고 생각했을 때 척 로빈스가 CEO가 된 것은 그들에게 일종의 경보 신호였다. 그들은 큰 역할을 맡을 준비가 되어 있었다. 이때 떠난 임원들 중 일부는 CEO로 가는 프리 에이전트의 길에 있고, 또 일부는 이미 좀 더 작은 조직의 CEO가 되었다.

갈리오타가 처음 CSO에 지명되지 못했을 때 그는 머크에 남아 다음 기회를 기다렸고, 결국 그의 도박은 결실을 보았다. 이런 일이 당신에게 생긴다면 어떻게 할 것인가?

3) 나의 직장 승진 시계는 얼마나 빠른가?

비록 임원 승계나 승진 후보에서 당신이 제외되지 않았다 하더라도, 언제 프리 에이전트의 길로 들어서야 할지 아는 것도 중요하다.

켈리 크레이머Kelly Kramer가 2012년에 시스코로부터 스카우트 전화를 받았을 때, 그녀는 GE에서만 20년의 세월을 보낸 베테랑이자 GE 헬스케어 시스템GE Healthcare Systems의 CFO였다. 한마디로 그녀는 시스코의 기대 수준을 초과한 인물이었다. 크레이머가 GE에 계속 남아 있었다면 GE 그룹의 총괄 CFO까지 승진할 수 있었을까? 물론 그럴 가능성도 있지만 아마도 단기간에는 쉽지 않았을 것이다. 결국 그녀는 자신의 경력에 변화를 주는 길을 택했고, 임원이 될 준비를 마쳤다. 시스코가 그녀에게 프리 에이전트로서의 분명한 길을 제시했기 때문이다. 크레이머는 시스코에서 임원 승계의 길을 보았기 때문에 회사의 재무 담당 부사장 자리를 수락했고, 실제로 3년 후에 CFO로 승진했다(한국에서는 일반적으로 부사장이 CFO보다 더 높지만 미국에서는 부사장이란 타이틀인데도 경영진management committee member이 아닌 경우가 많다. 그것을 Dual ladder 시스템이라고 한다. 이런 사례가 이 책에 몇 차례 나온다. - 옮긴이)

프리 에이전트들에게 타이밍은 공통적인 고려사항이다. 당신은 준비가 되어 있는데 현재 회사에서 기회가 없거나 당신이 1순위 또는 2순위 후보자가 아니라면, 그때는 다른 곳을 찾아봐야 하는 신호일지 모른다. 프리 에이전트가 된다는 것은 보다 작은 조직으로 이동하는 것을 의미할 수도 있고, 때로는 회사 내의 보직 이동이 될 수도 있다.

프리 에이전트의 길에서는 또 다른 의미의 타이밍 문제가 발생할 수 있다. 당신 회사의 재무 상태가 의심스럽지는 않은가? 인수 협상이 진행되고 있지는 않은가? 소속된 업계가 빠르게 변화하지 못하고 있는가? 이와 같은 상황은 '불길한 조짐'을 나타내는 것이므로 더 높은 자리로 올라가기 위해서는 회사를 옮겨야 할 수도 있다.

4) 나의 전략적 승진 계획은?

많은 간부들이 특별한 상황이나 경험을 추구한다는 이유로 프리 에이전트의 길을 찾는다. 예를 들면 회사 회생 임무, 직속 부하들이 있는 총괄 책임자, 기업가적 리더십이 요구되는 자리 등이다. 그 일이 무엇이든 당신에게 중요한 것이라면 실체를 확인하기 위해서라도 회사를 옮길 필요가 있다.

예를 들어 패트리샤 필리-크루셀Patricia Fili-Krushel은 방송 미디어 기업의 간부로 일하며 광범위한 분야를 경험했다. 그녀가 거친 자리를 몇 개만 추려 봐도 NBC 유니버설 뉴스그룹 회장, ABC 텔레비전 사장, 미국 최대 의학정보 시스템 WebMD의 CEO 등 화려하다. 그녀는 남성 천하가 당연한 것으로 악명 높은 미디어 업계의 요직을 두루 거치면서 항상 전략적인 관점을 잃지 않았다.

1999년 필리-크루셸은 그녀의 첫 임원 보직인 WebMD의 CEO를 맡기 위해 ABC 데이타임 텔레비전 사장 자리를 떠났다. 그녀가 보기에 당시 대부분의 간부들은 이미 자리가 잡힌 미디어 엔터테인먼트 회사를 포기하고 미래가 불확실한 온라인 회사로 가는 것을 주저했지만, 필리-크루셸은 긍정적인 면을 보았다.

"더 높은 자리에 올라갈수록 더 다양한 기술 경험이 요구되지요. 당시 제게는 어느 정도의 디지털 미디어 경험이 필요했고, 그때가 바로 그런 경험을 할 수 있는 기회라고 생각했습니다."[41]

필리-크루셸은 전통적인 방송 매체에서 디지털 매체로, 기존의 안정적 조직에서 기업가적 조직으로 이동했다. 그러나 그녀의 선택은 큰 빛을 보지 못했다. 재임 중에 닷컴 버블이 터지면서 1년 동안 회사를 손익분기점에 올려놓기 위해 뼈를 깎는 비용 절감의 고통을 겪어야 했기 때문이다. 그녀로서는 첫 번째 회생 노력이었다.[42] 그러나 그 경험은 그녀에게 약이 됐다. WebMD의 CEO로서 남긴 강렬한 인상 덕분에 타임워너Time Warner로 다시 돌아갈 수 있었고, 이번에는 딕 파슨스Dick Parsons CEO에게 직접 보고하는 임원의 자리였다. AOL과 타임워너가 합병한 혼란스러웠던 시기에(종합 미디어 기업 타임워너는 2001년 1월 미국 최대의 인터넷 서비스 회사 아메리카 온라인AOL과 합병하면서 AOL 타임워너로 탄생했다. - 옮긴이) WebMD를 회생시킨 그녀의 디지털 미디어 경험은 그녀에게 필요한 가장 적절한 자양분이 되었고, 이후 거의 10년 동안 타임워너에서 맡은 바 소임을 잘 수행할 수 있는 원천이 되었다.

언제 어디로 움직여야 할지를 결정하는 것은 항상 계획이 필요하다는 것을 의미하기 때문에, 임원이 되기 위한 프리 에이전트의 길은 장기근속 간부의 길보다 경력 발전을 위해 보다 더 전략적인 관점이 필요하다.

5) 다음 성장 기회는 어디일까?

많은 간부들이 필자에게 한결같이 하는 말이 있다. 그들이 오랫동안 몸 담았던 큰 회사를 떠나 작은 조직의 임원 자리를 수락한 것은 성장과 도전을 직접 느끼기 위해서라는 것이다.

갈리오타는 28년간 몸담았던 머크를 떠나 뉴저지에 있는 전문 의약품 회사 G&W 연구소로 이직했다. 갈리오타는 20대에 머크에서 영업사원으로 직장 생활을 시작했고, 2016년에 잘 나가던 머크의 전략 및 사업개발 책임자 겸 대표이사직을 떠났다. 그가 G&W로 이직하는 것에 대해 고민하고 있을 때 머크의 존경받는 고위 리더 한 사람이 그에게 현명한 조언을 해 주었다.

"자네가 여기 그대로 남는다면 5년 후에 지금과 똑같은 일을 할 수도 있고, 아니면 이전에는 하지 못했던 많은 일들을 할 수도 있을 것이네. 후자가 될 수 있다면 이곳에 5년 더 머무는 게 좋겠지."[43]

그의 조언은 정확했고, 갈리오타에게 결정적인 영향

을 미쳤다. 갈리오타는 G&W로의 이직을 회사의 '워크 아웃'(부도 위기에 처해 있는 기업을 살려내는 작업 – 옮긴이)과 비교했다. 자신의 리더십 기술의 여러 측면들을 연마하고 재시험하는 기회가 되었던 것이다. G&W에서는 머크 같은 편안한 환경에서라면 일어나지 않았을 '새로운 수준의 학습과 도전'이 요구되었기 때문이다.

성장, 학습, 타이밍. 이 중 어느 하나만으로는 프리에이전트의 길을 걸을 수 없다. 당신이 움직일 수 있는 것은 언제나 이 세 가지 요인이 결합되었을 때다. 당신은 이 질문에 분명히 대답할 수 있고 자신에 대해 성찰할 수 있어야만 위험을 감수하고 이 길이 제시하는 기회에 대해 열린 마음을 갖게 될 것이다.

3. 프리 에이전트의 길을 빨리 가려면

프리 에이전트의 길은 임원으로 가는 네 가지 핵심 경로 중 가장 복잡한 길이다. 이 길을 따라 정상까지 가려면 자신감이 충만해야 하고 전략적이어야 할 뿐만 아니라 열린 마음으로 새로운 기술을 배우려는 의지를 보여야 한다. 게다가 이미 사내 문화를 잘 알고 있어 조직원들을 쉽게 끌어당길 수 있는 내부 후보자들과도 맞서야한다. 그렇게 힘든 길을 가기 위한 필자의 조언은 무엇일까? 우선 마음을 다잡고 어디서부터 시작해야 할지 살펴보기로 하자.

행동과 경험	사고방식과 관점	팔로워십과 자신의 가치
어려운 임무 떠맡기	융통성과 적응력	외부 조언자를 둘 것
성장 경험을 추구하라	충만한 자신감과 위험을 감수하는 능력	강력하고 특색 있는 경험담
수요가 많은 기술을 습득하라	열린 자세로 경청하고 배운다	강력한 고객 팔로워십과 충성심 개발
위험을 감수할 만한 인물임을 보여줘라		

1) 행동과 경험

프리 에이전트는 어느 회사에 임원 자리가 생겼을 때 그 회사의 CEO나 이사회 또는 고위급 채용을 결정하는 관련자들에게 잘 알려져 있지 않은 경우가 많다. 그렇기 때문에 임원 헤드헌터나 컨설턴트들은 해당 업계의 스타급 인물과 출중한 인물들을 많이 알아둘 필요가 있다. 그러나 회사 내부 후보자들보다 더 돋보이도록 자신과 자신의 성과를 드러내 보이는 것은 전적으로 프리 에이전트들의 몫이다. 이러한 상황은 프리 에이전트들에게 기회인 동시에 도전이다.

임원 후보자 명단에 있는 회사 내 다른 간부들보다 프리 에이전트가 우위를 점할 수 있는 부분은 자신의 전 경력 과정에서 축적된 경험과 능력이라 할 수 있다. 그러므로 언제라도 다음과 같은 경험과 능력을 갖추고 있음을 보여주어야 한다.

• 어려운 임무 떠맡기

에일린 드레이크Eileen Drake는 미국의 국방우주산업 분야에서 로켓 엔진과 추진 시스템을 생산하는 에어로젯 로켓다인Aerojet Rocketdyne의 CEO 겸 대표이사다. 드레이크는 미국의 방위산업체인 프랫앤휘트니Pratt & Whitney에서 근무하다 2015년 3월 에어로젯의 COO로 영입됐고, 두 달 후 CEO로 승진했다.

드레이크의 이력을 잠깐만 들여다봐도, 그녀가 회사에서 필요한 재능을 가지고 있었다는 것을 금방 알 수 있다. 드레이크는 대학에서 ROTC 장학금을 받은 후 비행학교에 진학했고 8년간 육군 항공 장교로 근무했다.

"저는 햇병아리 대학생 시절부터 베트남전 이후 헬기를 타고 다니는 남자들이 득실거리는 헬기 부대의 책임자가 되기까지 다양한 경험을 했습니다. 혼신의 힘을 다해 리더십 능력을 발휘하지 않으면 안 되는 열악한 환경이었지요."[44]

군 제대 후 드레이크는 포드 자동차의 생산현장 초급 관리자로 시작해 간부급까지 올라갔다. 미 육군으로 복무한 것이나 전미 자동차노조와의 협상에 나선 것 등 그녀가 어려운 임무를 마다하지 않았다는 것은 놀랄 일이 아니다. 필자가 그녀에게 그 이유를 묻자, 그녀는 힘든 일을 통해서 가장 많이 배울 수 있기 때문에 자신은 '힘든 일'을 가장 좋아한다고 대답했다.

드레이크가 포드에 들어온 지 얼마 안 되었을 때, 회사 경영진은 새 모델인 포드 포커스Ford Focus를 생산할 독일 공장의 책임자를 맡을 지원자를 찾고 있었다. 그러나 당시 그 모델 차량의 파워스티어링 시스템에 중대한 문제가 발생하면서 지원자가 아무도 없는 상황이 발생했다. 그때 드레이크가 손을 들고 자원했다.

"독일에서 혹독한 2개월을 보냈지요. 돌아와 보니 공장장이 나를 승진시켰더군요."

드레이크는 "힘든 일을 자원해서 떠맡고 거기에서 성공하는 법을 찾아내면서 간부로서 스스로 기회를 열어나갔다"라고 말한 몇 명의 프리 에이전트 중 한 명이다.

〈크레인의 디트로이트 비즈니스Crain's Detroit Business〉가 주관하는 '2016년 가장 영향력 있는 여성 100인' 중 한

명으로 선정되었던 메리 페트로비치Mary Petrovich는 2000
년부터 2010년까지 미시간 주 트로이에 있는 중장비 자
동차 부품 기업 액슬테크 인터내셔널AxleTech International의
CEO를 역임했다. 이 회사의 대주주인 글로벌 투자기업
칼라일 그룹Carlyle Group이 페트로비치를 CEO로 영입했을
때, 이 회사는 매출 1억 달러에도 이익을 내지 못하는 상
황이었다. 페트로비치는 5년 만에 이 회사를 매출 6억
달러에 1억 2,000만 달러의 이익을 내는 회사로 성장시
켰다.

페트로비치도 드레이크처럼 '힘든 일'을 떠맡으라고
충고한다. 그녀는 자신도 경력을 쌓아오는 동안 수차례
나 어려운 임무를 먼저 수락해 왔다고 말했다. 그녀는
리 아이아코카Lee Iacocca가 크라이슬러 자동차를 이끌면
서 파산에서 벗어났을 당시, 크라이슬러의 경리팀에서
일했다. 이후 1990년대 후반에 항공기부품 제조업체 얼
라이드시그널AlliedSignal의 원가 관리 책임자로 스카우트
되었다. 당시 얼라이드시그널은 GE 출신의 래리 보시디

Larry Bossidy가 CEO로 부임해 회사의 효율성을 높이기 위해 조직 개편을 단행하던 시기였다.

"저는 언제나 도전적인 상황의 중심에 있었습니다. 저는 항상 힘든 일을 기꺼이 수락했고 해결 방법을 찾아냈지요."[45]

페트로비치의 사례처럼 프리 에이전트의 길을 가는 다른 모든 간부들은 힘든 임무를 기꺼이 떠맡으며 자신들을 임원으로 이끌어 준 소중한 실력을 쌓았다.

● 성장 경험을 추구하라

프리 에이전트들은 어려운 임무를 떠맡을 뿐만 아니라 비록 그것이 한 걸음 뒤로 물러나는 일이라고 하더라도, 자신들에게 가장 큰 성장 경험을 제공해 줄 자리를 목표로 한다. 어떤 자리가 자신에게 전략적으로 이익이 된다고 생각하면 그들은 기꺼이 그 자리를 이용해 자신의 능력을 입증한다.

데이비드 시몬스가 파이자의 그리스 지사장이었을 때, 그는 유럽 총괄 HR 책임자에게 그리스와 터키를 모두 아우르는 동유럽 지역 총괄사장 자리 같은 더 큰 임무를 맡기 위해서는 무엇이 필요한지 물었다. 그는 자신이 그 이상의 일을 책임질 준비가 되어 있다고 생각했다.

　　"하지만 '여기서는 그 자리까지 갈 수 없네'라는 대답을 들었지요. 대신 그들은 제가 더 큰 지역에서 어떻게 마케팅을 펼치는지 보고 싶어 했습니다."

　　그들이 말한 더 큰 지역에서의 일이란 것은 결국 캐나다 지사장에게 보고하는 자리였다. 그는 이미 한 국가의 지사장을 지냈던 터라서 속으로 절망감이 들기도 했지만, 결국 그 자리를 받아들였고 그들이 예상했던 것보다 훨씬 더 좋은 결과를 보여주었다.

　　"우리는 1년 반 동안 네 개의 제품을 출시했는데, 모두 좋은 성과를 냈습니다. 그중 두 가지 제품은 다른 나라를 크게 앞질렀지요."

　　시몬스의 다음 자리는 어디였을까? 바로 그가 처음 생각했던 동유럽 사업을 총괄하는 자리였다.

성장하기 위해 그 분야에 끈질기게 집중하며 한 걸음 더 나아가려는 의지는 프리 에이전트의 치열한 경쟁력뿐 아니라 능력 우선주의에 대한 그들의 신념을 잘 보여주는 사례다. 그들은 자신의 경력을 발전시키는 과정 속에서 자신의 가치를 증명하며, 그 경험을 토대로 다음 기회를 포착한다.

● 수요가 많은 기술을 습득하라

외부 인재를 영입하는 것은 프리 에이전트 입장에서는 어떤 조직이 가장 필요로 하는 것을 가지고 있음을 보여줄 절호의 기회다. 기업에서 외부 인재를 영입하는 것은 그 사람의 실력이나 업계 지식뿐만 아니라 그가 갖고 있는 비즈니스 전략까지 함께 얻으려는 것이다.

필자가 아는 한 간부는 영국의 한 기술 회사의 기술 담당 최고책임자 자리를 수락했다. 그가 그 자리에 임명된 이유는 여러 가지였다. 그는 실리콘밸리 상위 기업에서 10년 넘게 일한 경험이 있는 데다가 최고의 엔지니어링 인재를 함께 데려왔고, 회사 문화와도 아주 잘 맞았다. 게다가 당시 회사가 절실히 필요로 하던 사이버 보안에 대한 계획을 갖고 있었다.

회사가 가장 필요한 것이 무엇인지 아는 것, 그리고 그것을 당신이 제공할 수 있음을 보여주는 것이야말로 임원이 되는 핵심적인 길이다. 메리 페트로비치는 회사를 회생시킬 계획을 가지고 액슬테크로 옮겼다. 패트리샤 필리-크루셀은 타임워너가 AOL과 합병한 후의 혼란을 수습하느라 힘들 때 회사에 디지털 리더십 역량을 보여주었다. 데이비드 시몬스는 PPD가 글로벌 인수 합병을 통해 사세를 확장하려고 할 때 해당 업무에 적극 참여해 풍부한 국제 경험을 발휘했다. 필자는 스펜서 스튜어트에서 일하는 동안, 회사가 필요로 하는 기술이 내부에 없을 때에는 중요한 인재를 외부에서 영입해 오는 것이 경영진 차원에서 문제를 해결하는 효과적인 방법이라는 것을 발견했다.

● 위험을 감수할 만한 인물임을 보여줘라

기업은 여러 해에 걸쳐 문화를 발전시키고 내부 리더를 양성하기 위해 많은 돈을 쓰며 관심을 기울인다. 외부에서 임원급 리더를 충원하는 것은 위험성이 높다고 생각하기 때문에, 프리 에이전트들은 자신이 위험을 감수할 만한 가치가 있는 존재임을 보여줘야 한다. 그러기 위한 가장 좋은 방법은 당신이 회사가 원하는 결과를 도출할 수 있다는 것을 증명하는 것이다.

갈리오타는 이를 이렇게 표현했다. "저는 제 이력서를 보는 사람들이 '이 사람은 어디에 갖다 놔도 성공하는 방법을 알아내는 사람'이라고 말하기를 원했습니다."

갈리오타는 경력 초기에 머크의 콜레스테롤 약 조코Zocor의 영업을 맡아 매출을 1억 달러에서 10억 달러 이상으로 성장시키는 데 기여했고, 이후 머크의 최대 효자 품목인 당뇨 치료약 자누비아Januvia정과 자누메트Janumet정을 개발 출시한 팀을 이끌었으며, 나중에 110억 달러에 달하는 머크의 병원 제품부를 성공적으로 이끎으로써 자신이 위험을 감수할 만한 가치가 있는 존재임을 보여주었다.

필자가 인터뷰한 프리 에이전트들은 저마다 자누비아 같은 성공 스토리를 갖고 있었다. 그리고 그것은 임원으로 가는 여정에서 그들이 협상을 성공적으로 마무리하는 데 결정적 역할을 했다.

2) 사고방식과 관점

필자가 코칭하면서 만난 많은 임원급 간부들은 공통적으로 결과 지향적인 추진력과 높은 수준의 리더십 능력을 지니고 있었다. 그러나 프리 에이전트의 길을 가려면 성공을 이룰 시기를 단축시키는 데 필요한 몇 가지 특별한 자질이 필요하다.

● 융통성과 적응력

프리 에이전트, 즉 외부에서 영입되는 리더는 사내 문화를 파악하고 기존 경영진에 적응하는 방법을 빨리 찾아야 한다. 이는 회사를 전면적으로 개혁하려는 혁신가에게도 해당되는 사항이다. 이사회든 CEO든, 회사 어딘가에는 당신과 통할 수 있는 사람이 항상 있게 마련이다.

패트리샤 필리-크루셀은 변화하지 않으려는 성향이 최고 경영진의 발목을 잡는 전통적인 고질병이라고 말했다.

"고지식한 관점이 필요 없는 것은 아니지만 적응할 때는 적응할 줄 알아야 한다고 생각합니다. 그런데 그렇게 하지 못하거나 하지 않는 사람들이 너무 많더군요."

융통성과 적응력을 한 단계 발전시키기 위한 한 가지 절묘한 방법은 토론토 대학교 로트만 경영대학원 학장을 지낸 로저 마틴Roger Martin이 주장한 "통합적 사고, 즉 자신의 아이디어와 반대되는 아이디어가 주는 긴장감을 건설적으로 받아들이며, 어느 하나는 버리고 나머지

하나만 선택해야 한다고 생각하지 않고 반대되는 아이디어도 수용하면서, 각각의 아이디어보다 더 뛰어난 창조적인 해결책을 만들어내는 능력"을 발휘해 보는 것이다.[46]

마틴은 세계 최고의 지도자들은 그런 방식으로 생각하고 있다고 주장한다.

프리 에이전트의 경우, 그들이 기존 조직에 가져와야 할 가장 중요한 것 중 하나가 신선한 생각과 새로운 아이디어다. 조직의 전체적 가치와 맥락이 통하는 방식으로 신선한 사고를 제시하는 것이야말로 프리 에이전트들이 지향해야 할 핵심적인 가치다.

● 위험을 감수할 준비를 갖춰라

프리 에이전트들에게 중요한 그 다음 사고방식은 위험을 마다하지 않는 열정이다. 자신감은 모든 고위 간부들에게 필요한 것이지만, 외부에서 인재를 영입하는 경우 실패 가능성이 그만큼 더 높은 것이 사실이다. [47]

메리 페트로비치는 외부 영입 간부는 소위 '배짱'이 있어야 한다고 말했고, 시몬스도 "임원으로 가는 길에 위험을 피해 가는 길은 없다"고 말했다.

"돌파구를 찾으려면 직장 생활에서 위험을 감수하고 앞으로 돌진해야 합니다. '안전한' 길은 없습니다."

● 열린 마음으로 새로운 지식을 취하라

켈리 크레이머는 융통성과 위험 관리 능력을 모두 갖춘 마음가짐과 함께 계속 배우려는 열정이 있어야 한다고 말했다. 크레이머는 자신은 배우려는 열정 덕분에 뒤를 돌아보거나 망설이지 않고 새로운 일을 과감히 시도하며 훨씬 더 많은 일을 수행할 수 있었다고 회고했다. 프리 에이전트들이 갖추어야 할 신조처럼 들리지 않는가.

"중요한 것은 당신이 끊임없이 배우고 당신이 처한 상황을 다른 누구보다 더 잘 알아야 한다는 것입니다. 그래야 남보다 앞서 갈 수 있고, 당신이 직면하게 될 문제들의 99%를 해결할 수 있습니다."[48]

3) 팔로워십과 자신의 가치

프리 에이전트로서 임원이 되려면 업계에 강력한 팔로워십을 구축하고, 뛰어난 리더십 소유자로서의 명성을 쌓아야 한다. 결국 외부 인재로 어느 조직의 경영진에 영입되는 것은 그들이 업계의 다른 리더나 이사회 위원, 업계 동료 그리고 임원 헤드헌팅 회사들과의 관계를 개발하고 오랫동안 긍정적으로 유지해 왔기 때문에 가능한 일이다.

고위 간부의 리더십에서 관계 구축은 자연스러운 것이지만, 임원이 되기 위해서는 필자가 설명하는 방식으로 다음 단계를 밟는 것을 진지하게 검토해 보는 것도 좋을 것이다.

● 외부 조언자 네트워크를 구축하라

멘토들은 당신에게 영감을 주는 직장 생활의 컨설턴트 역할을 한다. 후원자들은 조직 내에서 당신을 적극적으로 밀어준다. 하지만 그것만으로는 충분하지 않다. 고위 간부들은 현재 몸담고 있는 회사 밖에도 신뢰할 수 있는 조언자 네트워크를 구축해야 한다. 이렇게 구축해놓은 외부 조언자들은 당신의 업계 영향력을 넓혀주고 업계의 가치 있는 지식도 제공해 주면서 당신이 경력을 차근차근 쌓아가도록 돕는다. 고위 간부 수준에서 구축해놓은 신뢰할 만한 조언자 네트워크는 각 조언자의 영향력에 따라 차이는 있지만, 피차 도움을 주고받는 상호적 관계다. 시간이 지나면 서로에게 미치는 영향력이 얽히고 설켜 서로의 직급이 뒤바뀌기도 하고 당신이 가장 영향력 있는 인물이 되기도 한다.

데이비드 시몬스는 필자에게 자신의 '조언자 그룹'에 대해 이야기하면서, 그가 PPD의 CEO 자리에 대해 고민할 때 그들이 중요한 역할을 했다고 말했다.

"헤드헌터들과 투자 회사들로부터 정기적으로 전화를 받기 시작했는데 어떻게 대응해야 할지 확신이 서지 않았습니다."

시몬스는 연간 매출 190억 달러에 약 2만 명의 직원을 거느린 회사의 대표이사 자리에 만족하고 있었기 때문에 괜히 한눈팔고 싶지 않았다. 하지만 마음 한곳에서는 시장에 어떤 기회가 생기고 있는지, 그리고 그런 기회들이 자신에게 어떤 의미가 있는지 알고 싶었다. 그가 첫 번째로 전화를 건 상대는 오랫동안 신뢰해 온 그의 조언자 래리 보시디(그는 페트로비치를 얼라이드시그널로 끌어들인 인물이기도 하다)였는데, 보시디는 그에게 경험에서 우러난 몇 가지 조언을 해 주었다.

"돌아가서 자네의 일을 종이에 써 보게. 자네에게 파이저를 떠나도록 유혹할 만한 요소들은 무엇인가? 자네가 그 자리를 맡지 못할 결격 사유는 없나? 그것과 상관없는 일이라면 일체 신경 쓰지 말고 그것에만 몰두하게나."

항상 분석적인 타입인 시몬스는 컨설팅 분야에서 일하는 다른 조언자들에게도 자문을 구했다. 그들은 PPD가 제시한 기회와 파이자에서 향후 몇 년 동안 승진의 기회가 얼마나 있을지를 비교하기 위해 숫자를 분석하고 추론하는 것을 도와주었다. 그들은 또 자신들이 알고 있는 정보를 사용해 향후 2~3년 동안 관련 업계에서 그에게 얼마나 많은 기회를 제시할 가능성이 있을지에 대한 가설도 만들었다.

"그들은 그 모든 데이터를 가지고 있었고, 우리는 그 데이터를 가능한 한 모든 방법으로 분석해 보았습니다. 최후의 결론은 이번 기회가 매우 드문 기회라는 것이었지요."

시몬스는 '더 좋은 기회'는 오지 않을 것이라는 결론에 만족했고, 외부 조언자들과 상의한 끝에 그 제안을 받아들였다.

필자가 인터뷰한 프리 에이전트들은 모두 관계 구축이라는 측면에서 탁월했다. 갈리오타도 시몬스가 언급한 것과 비슷한 네트워크를 가지고 있었고, 자기 스스로 글로벌 CEO 모임인 'G100' 같은 공식 네트워크에서 활발하게 활동하고 있었다. 필리-크루셀의 조언자들은 미디어 업계 전체에 포진되어 있었다. 페트로비치도 그녀의 지원 세력인 칼라일 그룹과 관련 회사들을 기반으로 강력한 네트워크를 가지고 있었다. 그들은 동시에 다른 간부들을 위한 신뢰할 만한 조언자 역할을 하고 있기도 하다. 동료들이 그들에게 조언을 구하면 기꺼이 자신들의 경험을 공유하고 교훈을 제공해 준다.

• 강력한 이야깃거리를 만들어라

프리 에이전트로서 기회를 높일 수 있는 또 다른 방법은 강력한 이야깃거리를 보유하는 것이다. 높은 성과와 리더십 능력은 임원이 되기 위한 게임의 판돈과도 같다. 그렇다면 당신을 다른 사람과 차별화시킬 수 있는 이야기는 무엇일까?

필리-크루셀은 닷컴 파산이 한창이던 시기에 Web MD의 CEO로서 직면했던 호된 시련과 AOL 합병 직후 혼란스러웠던 시기에 타임워너에서 근무했던 일에 대해 이야기해 주었다. 갈리오타는 임상 실험 시장에서 주요 거대 경쟁사를 누르고, 머크의 미래 효자 품목들을 키워낸 일에 대해 이야기했다.

사람들이 관심을 가질 만한 이야기가 당신에게 있다는 사실은, 사람들이 당신을 볼 때마다 무언가를 떠올리게 해 줄 것이다. 외부에 있는 당신이 어느 회사의 임원으로 들어와야 한다고 주장하려면, 사람들이 당신이 왜 좋은 지도자인지, 무엇 때문에 사람들이 당신을 따라야 하는지 알 수 있어야 한다. 그러므로 당신이 가진 강력한 이야기를 분명하게 설명하라.

● **강력한 고객 팔로워십을 구축하라**

당신이 임원 자리를 놓고 쟁쟁한 내부 후보자들과 경쟁할 때, 당신을 더 매력적으로 만들어주는 자산이 무엇일지 생각해 보자. 과연 당신이 가지고 있는 고객과의 친밀한 관계보다 더 좋은 게 있을까?

전문 서비스나 금융 회사, 영업 조직, 고객 기반 기업들의 고용 계약서에는 동종 업계로 이직해서는 안 된다는 조항이 있다. 그래서 간부들은 회사를 떠날 때 기존 조직을 와해시키거나 상황을 더 악화시키지 않도록 조심하는 것이 일반적인 관례다. 그러나 필자와 함께 일하는 헤드헌터, CEO, 이사회 위원들은 후보자의 외부 네트워크가 그들을 더 차별화하고 매력 있게 만드는 중요한 부분이라고 말한다.

중요한 외부 네트워크에는 협력업체와의 강력한 관계, 언젠가 새로운 식구가 될지 모르는 재능 있는 동료들, 그리고 일부 업계의 경우 고객과 의뢰인과의 관계도 당연히 포함된다.

최고의 관계를 유지해야 할 대상은 누구일까? 바로 당신의 이전 고용주다. 한 간부는 필자에게 "네트워크는 제로섬zero sum이 아니다. 오히려 정반대다"라고 말했다. 많은 경우에, 한 간부가 회사를 떠나면 두 회사(떠나는 회사와 새로 들어가는 회사)는 그 간부를 공통분모로 미래에 함께 일할 방법을 찾는다.

필자가 인터뷰한 프리 에이전트들이 갖고 있는 마지막 공통점은 이것이다. 거의 모든 사람들이 그런 취지의 말을 했다.

"저는 단지 다음 직장을 구한다거나 임원이 되기 위해 물불 가리지 않고 경쟁만 한 것은 아니었습니다. 그저 똑바로 앞만 보고 제 분야에서 최고가 되어 더 많은 성과를 내는 데에 집중했지요."

그리고는 자신들이 경력을 관리하는 데 얼마나 전략적이었는지를 말해 주었다. 프리 에이전트들에게는 확실히 직업에 대한 통찰력과 뛰어난 성과를 내는 능력이 모두 필요하다.

시몬스는 그것을 이렇게 표현했다.

"CEO가 되려면 우선 계획적이어야 합니다. 자신의 역량을 구축해야 할 뿐 아니라 가장 경쟁력 있게 보이도록 성과를 내야 하기 때문이지요. 하지만 두 번째는 너무 계획에만 매달리지 말라는 것입니다. 실행하지 않고 장시간 궁리만 한다면 결코 스카우트의 전화를 받지 못할 겁니다."

4. 프리 에이전트: 빨리 발전하는 사람과 탈선하는 사람의 특성

빨리 발전하는 사람의 특성	탈선하는 사람의 특성
직장 생활에서 계산된 위험을 기꺼이 감수한다.	계산된 위험보다는 연속성이 보장되는 편안한 길을 좋아한다. 새로운 자리로 이동하는 것을 원치 않는다.
힘든 임무를 받아들이고, 자신의 실력과 능력, 경험을 성장시킬 수 있는 자리를 찾는다.	자신을 두드러지게 보이게 하거나 자신의 성과를 홍보하는 것을 좋아하지 않는다.
현재 업계에서 가장 필요로 하는 특정 기능이나 자질을 보인다.	실력과 인간관계가 특정 조직이나 산업에 국한된다.
지도자로서 자신을 두드러지게 할 강력한 이야깃거리를 가지고 있다.	자신을 후원하는 네트워크나 조언자들은 대개 자신이 몸담고 있는 회사 안에 있다.
새로운 관계, 아이디어, 통찰력을 가져오는 한편, 기존의 회사 리더들과도 좋은 관계를 유지하고 조직 문화와도 잘 어울린다.	자신이 속한 조직 내에서만 잘 알려져 있다.
강력한 리더십, 업계의 팔로워십, 외부 조언자 네트워크를 구축하고 있다.	

제4장

초고속
승진 리더

몇 년 전, 시스코는 빠르게 성장하는 지역인 아시아태평양 지역을 이끌 후임자를 찾고 있었다. 전례대로라면 그런 종류의 전략적인 자리에는 수석 부사장급 외부 인사를 고려했을 것이다. 실제로 후보자를 물색하기 시작하던 초기에 회사는 모범적인 리더의 전형 같은 인물을 찾았다.

그러나 이번에는 다른 방향으로 갔다. 전통적인 기준에서 몇몇 뛰어난 후보자들이 등장했지만, 회사는 위험을 무릅쓰고 젊고 경험이 적은 현지 지도자를 선택했다. 그는 아시아의 주요 고객들과 긴밀한 관계를 맺고 있었고, 그 지역이 어떻게 발전하고 있는지에 대해 현명한 생각을 갖고 있었으며, 시장에서 요구하는 혁신에 대해 예민한 감각을 지니고 있었다. 그는 그 직책을 맡았던 전통적인 인물들에 비하면 적어도 직급이 한 단계 아래였다. 그러나 그의 잠재력에 기대를 건 시스코는 그를 즉시 승진시켰고, 그의 리더십 아래에서 그 지역은 빠른 성장을 이어 나갔다.

최근 들어 CEO와 이사회들이 조직에서 한두 단계 아

래에 있는 유망한 리더들을 핵심 보직에 앉히는 서열 파괴 현상이 늘어나고 있다. 보스턴컨설팅그룹은 2014년 보고서에서 이러한 현상을 '단계를 무시한 승계'라고 지칭했다.[49] 특히 최고위급에서 일반적인 단계를 건너뛰고 임원이 되는 경우가 종종 나타나면서 이목을 집중시키고 있다. 예를 들어 지난 2013년 버거킹은 자사에 3년 근무한 것 말고는 패스트푸드 회사에서 일해 본 경험이 전혀 없는 33세의 다니엘 슈워츠Daniel Schwartz를 CEO로 선택했다.[50] 같은 해 홀푸드Whole Food가 CIO로 영입한 35세의 제이슨 부에첼Jason Buechel도 다국적 경영컨설팅 기업 액센추어Accenture에서 12년 동안 컨설팅 파트너로 일하며 소매업의 전략적 혁신을 추진한 경험이 전부였다.[51]

분명한 것은 이처럼 '단계를 무시한' 임원의 길은 해당 간부가 새 자리에 필요한 자질과 특성을 얼마나 가지고 있느냐에 초점을 맞추고 있으며, 나이와는 그다지 관련이 없다는 것이다. 예를 들어 스티브 칸다리언Steve Kandarian도 2011년 5월 메트라이프MetLife의 대표이사 겸 CEO가 되었다.[52] 메트라이프의 CIO였던 칸다리언은 회사의 대형 사업부를 운영하고 있던 사내의 다른 동료에 비해 사업부 운영 경험은 적었지만, 복잡한 리스크를 분석하고 보험 분야의 새로운 기회를 파악하는 데에는 상당한 경험을 가지고 있었다. 칸다리언이나 버거킹의 슈워츠는 모두 간부직에 오래 있었다거나 대형 사업부의 손익을 관리한 경험 때문에 승진한 것이 아니었다.

시스코의 아시아태평양 임원이나 홀푸드의 부에첼의 경우에서 볼 수 있듯이, '단계를 무시한' 승진은 CEO뿐만 아니라 모든 임원직에게 나타나는 새로운 추세다. 이러한 초고속 승진 리더들은 이사회에 합류하기 전에 몇 단계를 건너뛰는데, 필자는 이 경우도 임원이 되는 길 중 하나라고 생각한다. 한 산업에서 다른 산업의 임원으로 도약하는 경우도 있고, 학계, 컨설팅 회사, 비영리단체에서 전통적인 기업 조직의 임원으로 도약하는 경우도 있다. 특정 사례를 불문하고, 이 길을 따라 경영진에 이르는 사람들의 공통분모는 기존의 성공 가도에서 중요한 단계로 여겨졌던 몇 단계를 건너뛰거나 생략했다는 것이다.

1. 초고속 승진 리더의 길에 대한 중요한 질문

간부들의 초고속 승진은 우리 시대의 상징과도 같다. 기업들이 빠르게 변화하는 글로벌 시장에 대처하고 저돌적인 경쟁자들을 상대하며 소셜 미디어 같은 혁신적인 의사소통 기술까지 신경쓰게 됨에 따라 기업 조직은 점점 더 복잡해졌다. 이러한 새로운 현실적 상황들은 지금까지와는 다른 사고방식을 필요로 한다. 이에 따라 기업들은 혼란 속에서 질서를 찾고, 신흥 비즈니스 모델을 이해하며 변화와 재창조를 잘 다룰 수 있는 리더들을 찾고 있다. 당신 얘기를 하는 것처럼 들리는가?

임원이 되려는 열망을 가지고 있는 리더라면 이런 트렌드에 올라타기 위해 항상 정신을 바짝 차리고 있어야 한다. 몇 단계를 건너뛴다는 계획은 세우기도 어렵거니와, 언제 어떤 상황이 닥치든 적절하게 준비된 상태를 유지해야 하기 때문이다. 다음의 질문들은 당신의 현재 상황이 임원이 되기 위해 몇 단계를 건너뛰는 길을 선택하기에 유리한 상황인지를 평가하는 데 도움이 될 것이다.

1) 나는 여러 직급을 뛰어 넘을 수 있는 사람인가?

임원 바로 아래 단계의 간부 집단들이 충분히 빠른 속도로 스스로를 재창조하지 못하거나, 업계의 동향을 따라잡지 못하거나, 고객들과 조화를 이루지 못할 때, 경영진에서는 중요한 임원 자리를 채우기 위해 바로 아래 단계가 아닌 다른 곳에서 인재를 찾는 경우가 생기기도 한다. 기업들이 이런 단계를 무시하는 것은 신선한 눈과 날카로운 본능을 지녔지만 서열상으로는 가능성이 낮은 후보자에게도 길이 열릴 수 있다는 신호다. 또 승계가 '확실시'될 것으로 알려진 후계자가 조직의 성장 전략과 부합하지 않는 경우에도 놀라운 선택의 길이 열릴 수 있다.

필자는 이런 경우, 이사회와 CEO들이 비전통적인 선택을 하는 것을 수도 없이 봐 왔다. 당신은 회사를 미래로 이끌 수 있는 대안적 비전을 가지고 있는가?

2) 문화가 고착되어 있을 때 나는 그 고착 상태를 풀 수 있는 사람인가?

경영진이 회사에 획기적 변화를 가하려 한다면, 그들은 조직 전체를 위해 롤 모델이 될 수 있는 성공적인 변화 주도자를 찾을 가능성이 높다. 필자는 이러한 역동성이 CEO를 포함한 일반적인 리더십의 역할이 변하면서 자주 발생하는 것을 목도했다. 왜냐하면 문화는 일반적으로 위에서 아래로 폭포처럼 흐르기 때문이다.

이에 관한 가장 주목할 만한 사례는 51세의 나이에 글로벌 제품 개발 담당 부사장에서 CEO로 승진한 메리 바라의 경우다. 바라는 자동차 업계의 거인인 제너럴 모터스가 미국 정부의 자동차 산업 구제금융의 그늘에서 벗어나 보다 고객중심적인 조직으로 거듭나야 하는 상황에서 몇 단계를 건너뛰어 GM의 첫 여성 CEO가 된 인물이다.

3) 나는 변화의 소용돌이 속에서 전문가로서의 능력을 발휘할 수 있는 사람인가?

비즈니스 모델이 바뀌면 임원의 역할에 대한 기대도 바뀌며 그에 따른 변신을 요구하기도 한다. CMO는 빠르게 발전하고 있는 대표적인 자리이다. CEO들은 빠르게 움직이는 디지털 마케팅의 변혁 과정에 더 부합하는 사람을 찾기 위해 두 단계 아래 직급에서 인재를 찾을 수도 있다. 비슷한 이유로, 이사회와 CEO들은 전략적 운영 경험을 가진 인사 책임자를 선호하기 때문에 그런 인재를 찾기 위해 인사업무 경험 이외의 다른 업무 경험이 있는 경험자를 찾는 경향이 있다.

예를 들어 바라는 생산 부문 고위직을 지낸 후 GM의 글로벌 인사 책임자로 2년을 근무했다.

4) 회사의 채용 책임자가 열린 마음을 갖고 있는 사람인가?

시스코가 2016년 에이미 창Amy Chang을 이사회에 영입한 것도 일종의 초고속 승진 리더 유치 작전이었다. 창은 실리콘밸리의 성공적인 스타트업인 어컴퍼니Accompany의 창업자다. 그녀는 구글 출신이긴 하지만 특별히 내로라 할 만한 대기업 이사회 경험은 없었다. 그런 그녀를 역시 초고속 승진 리더인 척 로빈스가 시스코 이사회 위원으로 지명한 것이다. 결론은, 신선한 사고방식에 개방적인 것으로 알려진 고위급 리더들은 자신처럼 비전통적인 경험을 가진 사람들을 임명할 가능성이 높다는 것이다.

5) 조직의 변화가 절박한 곳인가?

대폭적인 구조 변화, 특히 승진이나 조직 상층부의 격변은 조직 내에서 사람들을 위로 밀어 올리는 연쇄반응을 불러오는 경향이 있다. 예를 들어 여러 명의 간부가 새로운 사업으로 이동하는 상황이 생기면, 일부는 그런 기회에 승진하는가 하면 또 다른 일부는 회사를 떠나는 등의 연쇄적인 도미노 현상이 발생한다.

포춘 100대 기업에 근무하던 필자의 지인도 바로 그런 경험을 했다. 그는 전날 퇴근할 때 분명 중간급 관리자였는데, 다음 날 아침 출근했더니 보안 담당 최고책임자가 되어 있었다. 그의 상사와 다른 가까운 동료들도 빠르게 승진했고, 덕분에 그의 임원 행보도 빨라졌다.

이와 유사한 또 다른 극적인 조직 변화는 선다 피차이가 구글의 경영진으로 발탁된 사건이다. 2015년 구글 공동 창업자인 래리 페이지는 새로 만든 구글의 지주회사 알파벳^{Alphabet} CEO로 자리를 옮기면서 당시 수석 부사장이었던 피차이를 구글의 CEO로 승진시키는 파격적 조직 개편을 단행함으로써 애널리스트들을 놀라게 했다.[53]

초고속 승진 리더의 길은 임원이 되기 위해 한곳에 오래 근무하거나 연속적인 임무를 완수하며 기다리는 길이 아니라 직급을 건너뛰며 급부상하는 길이다. 임원으로 가는 네 가지 길 중 이 길은 단연코 계획적으로 조율하기 가장 어려운 길이다. 초고속 승진 리더의 길은 체계적으로 계획할 수 없는 일이기 때문이다. 그러나 리더들은 자신의 경험과 평판, 네트워크를 특정한 방식에 의거해 전략적으로 관리함으로써 자신을 드러내는 길에 대비할 수 있다. 이를 염두에 두고, 당신이 몇 단계를 뛰어넘어 다른 사람들보다 앞서 나갈 가능성을 가진 리더로서의 입지를 굳히는 데 도움이 될 수 있는 요소들을 자세히 살펴보기로 하자.

2. 초고속 승진 리더의 길을 빨리 가려면

초고속 승진 리더들은 몇 단계 직급을 건너뛰며 수직 상승의 길을 걷는다. 거기에는 전략적인 진로 계획을 세울 시간도 거의 없다. 대신, 여러 중요한 경험을 성공적으로 완수해야 하고, 열린 마음으로 피드백을 받아들여야 하며, 조직을 위해 긍정적이고 미래지향적인 비전을 제시하는 데 모든 초점을 맞출 수 있어야 한다.

행동과 경험	사고방식과 관점	팔로워십과 자신의 가치
여러 보직을 거치면서 다양한 경험을 할 것	재창조를 두려워하지 마라	상하좌우 지지를 확보하라
핵심 역할에서 두각을 나타내라	불확실성에 익숙해져라	대내외 팔로워십을 구축하라
실패, 회복력, 재창조를 두루 경험할 것	항상 자각하라	

1) 행동과 경험

"당신은 20년 경력 동안 한 가지 일만 했는가?"

모두가 존경하는 와튼스쿨의 피터 카펠리 교수가 한 회의에서 이런 질문을 던졌을 때, 이 질문이 초고속 승진 리더들이 추구해야 할 경험의 범위를 한마디로 요약한 정확한 문장이라는 생각이 필자의 머리를 스쳤다. 초고속 승진 리더의 길은 회사의 다양한 임무를 빠른 기간 내에 거침으로써 가장 중요한 업무를 고루고루 숙지하는 경우가 많다. 게다가 초고속 승진 리더들은 대개 나이가 더 어리거나 그 용어에서 드러나듯이 전통적인 직급 단계를 건너뛰기 때문에, 그런 기회를 재빨리 간파하려면 다른 사람에게 미치는 영향력에 초점을 맞추어야 한다.

● 여러 보직을 빠르게 거치면서 다양한 임무를 경험하라

시스코의 척 로빈스나 GM의 메리 바라[54] 같은 초고속 승진 리더들에게는 공통점이 있다. 바로 초고속 리더로 승승장구하기 전에 그에 적절한 경험을 다양하게 거쳤다는 사실이다.

필자는 런던에서 마케팅 임원으로 일하고 있는 셀마 Selma를 인터뷰한 적이 있다. 그녀는 한 은행에서 16년 동안 일하면서 부사장 직급까지 올랐다. 2017년 그녀는 스웨덴의 한 대기업 임원으로 스카우트되면서 무려 세 계단을 건너뛰었다.[55] 그녀의 경험은 초고속 승진 리더의 길을 가장 분명하게 보여주는 사례이다. 영어와 스웨덴어를 모두 구사하는 셀마(그녀는 개인적으로나 직업적으로나 자신의 경력을 다양하게 발전시켰다)는 투자 은행에서 근무하는 동안 여러 보직을 빠르게 거치면서 꾸준히 승진했다.

"저는 손익P&L도 관리해 보고, 영업 및 마케팅팀과 R&D 부서도 운영해 보았습니다. 또 신제품 개발부장도 해 봤고, 런던, 뉴욕, 프랑스에서 근무한 경험도 있습니다. 저는 거의 3년마다 보직이 바뀌었습니다."

셀마는 승진을 거듭하면서 여러 업무를 빠르게 익혔는데, 이것이 그녀가 초고속 승진 리더의 필수 코스인 특별한 경험을 할 수 있는 기반이 되었다.

● 핵심 역할에서 두각을 나타내라

초고속 승진 리더들은 다양한 보직을 빠르게 거치다 보니 필요한 경험을 할 시간이 많지 않기 때문에 항상 조직의 가장 중요한 임무에 가까이 있기 위해 노력한다.

GM의 초고속 승진 리더인 바라는 GM에서 매우 다양한 직책을 거쳤지만(그녀는 1980년에 공학도로 회사에 입사한 이후 공장장, 엔지니어링 부서장, 인사부장 자리를 거쳤다), 거의 대부분 회사의 요직만 두루 섭렵했다. 그러나 그녀의 직책이 무엇이든 그녀의 임무는 언제나 한결같았다. 바로 회사의 간접비를 늘리지 않으면서도 사람들이 사고 싶어 하는 자동차를 설계하도록 회사

를 이끄는 것이었다.[56]

　　마찬가지로 로빈스의 경력도 몇 단계 건너뛰는 초고속 승진 리더의 길을 그대로 보여준다. 두 명의 사장을 제치고 CEO가 되기 전, 49세의 로빈스는 협력업체 관리와, 근무 인원만 1만 6,000명에 달하는 영업부를 모두 이끄는 글로벌 현장 조직의 부사장을 맡고 있었다. 미국과 캐나다, 라틴 아메리카의 영업부, 시스코의 기업 고객을 직접 관할하는 미국 법인 영업부도 그의 지휘 하에 있었다. 그는 시스코에서 쉴 틈 없이 꾸준히 성취하고 승진했다. 그러나 더 중요한 것은, 로빈스가 맡았던 협력회사와 부서들이 항상 시스코 성장의 중심에 있었다는 사실이다. 예를 들어 로빈스는 회사가 직접 관할하는 법인 영업부를 만들어 회사 매출의 25%를 창출하는 데 결정적으로 기여했다. 로빈스는 또 웹 온라인 회의 서비스인 웹엑스WebEx 등 시스코의 핵심적인 컴퓨터 보안 및 협력 사업을 총괄했다.

● 성공과 실패를 두루 경험하라

초고속 승진 리더는 단지 정상적인 진급 단계를 남보다 빨리 경험하는 차원을 넘어, 서로 밀접한 관련이 있는 실패와 재창조라는 특별한 경험을 두루 거치면서 자신의 회복력을 보여주어야 한다.

셀마는 은행 초창기 시절 마케팅 업무를 맡았을 때 자신의 핵심 성과 목표를 제대로 달성하지 못했던 경험을 들려주었다. 하지만 그때에도 그녀는 결코 리듬을 잃지 않았다. 그녀는 빠르게 자신의 잘못을 조정해나갔고 이듬해 목표를 초과 달성했다. 셀마는 이 경험이 그녀의 직장 경력에서 유일한 시련은 아니었지만, 자신에게 투지와 회복력을 가르쳐 준 매우 중요한 경험이었다고 토로했다.

"실패를 부끄러워하지 않았고 언제든 회복할 수 있다는 생각을 잃지 않았으며, 사업 환경에 늘 제 자신을 적응시키면서 점점 더 강해졌지요."

로빈스나 바라도 모두 수많은 흥망성쇠를 이겨냈다.

로빈스는 CEO가 되기 전 여러 차례 자신을 재창출하면서 시스코의 영업조직을 성공적으로 변혁시켰다. 시스코는 로빈스의 CEO 지명을 발표하는 보도 자료에서 "로빈스는 업계에서 선망의 대상으로서 회사의 위상을 공고히 했다"라고 말하기도 했다. 바라도 자동차 산업이 격동의 중심에 있었던 시기에 자신의 모든 경력을 보내면서 변화와 기업 구조조정을 능숙하게 관리했으며, 논란의 여지없는 엄청난 반전을 시도했다.

초고속 승진 리더들은 모두 자신보다 한두 단계 위에 있는 동료들보다 서열은 낮았지만, 항상 목표를 의식하며 정상적인 단계적 진급을 건너뛰는 길을 걸었다.

2) 사고방식과 관점

물론 이런 특별한 경험의 격차가 이들로 하여금 빠르게 초고속 승진 리더의 길을 걷게 할 수도 있었지만, 그들의 부족함을 메운 것은 그런 경험보다는 그들이 갖고 있는 대담하고 선견지명이 있는 사고방식이었다. 필자가 그동안 만나 본 이런 범주에 속하는 간부들은 바로 그런 사고방식과 행동방식을 나타내는 세 가지 중요한 요소를 공통적으로 가지고 있었다.

● 재창조를 두려워하지 않는다

첫째, 초고속 승진 리더들은 대개 재창조 쪽으로 끌리며 전통에 집착하지 않는다. 바라, 로빈스, 셀마가 빠른 속도로 돌아가며 새로운 역할을 맡은 것에서 볼 수 있듯이 이 길은 탐험가들을 위한 길이다. 사실 초고속 승진 리더들이 그렇게 빨리 진급하는 이유는 그들이 초기 사업 모델들을 찾는 방법을 빨리 이해하고, 우리 같은 보통 사람들에게는 벅차 보이는 변화를 미리 내다보는 대담한 비전을 가지고 있기 때문이다. 셀마는 그것을 이렇게 표현했다.

"리더로서 우리는 전략, 운영, 심지어 직원 채용에 대해 우리가 내리는 결정에서 차별화의 힘을 매일 인정해야 합니다. 누구나 볼 수 있는 뻔한 일들은 제쳐 두고 용감하게 새로운 것에 도전하다 보면 놀라운 보상을 얻게 될 것입니다."

또 그녀는 이렇게 덧붙였다.

"위험을 감수하려는 의지는, 비록 그것이 잘 되지 않더라도 리더로서 당신이 가질 수 있는 가장 큰 차별화 요소가 될 것입니다."

● 불확실성에 익숙해져라

다음으로, 이 길을 따라가는 간부들은 직면하는 모든 문제에 대한 답이 없더라도 단호하게 일을 처리한다는 것이다. 오늘날 많은 산업들이 직면하고 있는 환경을 보라. 생존하기 위해서는 끊임없이 변화하고 혁신해야 한다. 한 유통 대기업의 임원으로 고속 승진한 COO는 필자에게 이렇게 말했다.

"분명한 신호를 기다리면서 행동하지 않는다면 이미

늦습니다. 오늘 내가 가지고 있는 비전에 대해 자신감을 갖고 내일 당장 변화해야 합니다. 비록 그로 인해 먼저 넘어지고 사업에 혼선이 생긴다 하더라도 말이지요."

척 로빈스는 2016년 포춘이 주관한 한 행사에서 그런 사고방식에 대해 다음과 같이 언급했다. 당시 시스코는 기업들에게 단순히 라우터와 스위치만 판매하던 사업을 판매 데이터와 보안 분석 서비스가 포함된 소프트웨어 구독 모델로 바꾸는 '격심한 변화'를 겪고 있었던 시기였다.

"당신의 회사를 지금까지 성장시켜 온 동력들 중 어떤 것이 앞으로 당신이 발전하는 데 도움이 되고 어떤 것이 당신의 발목을 잡을 것인지에 대해 당신 자신도 놀라울 만큼 솔직해야 합니다."[57]

불확실성에 대해 익숙하지 않았다면, 바라가 제너럴 모터스를 이끄는 위치에 오를 가능성은 거의 없었을 것이다.

● 항상 자각하라

마지막으로, 초고속 승진 리더들은 자신의 실력과 요구되는 경험 사이의 격차에 매우 적절하게 대응한다. 그들은 다른 사람의 말에 귀를 기울이며, 주변에는 항상 그들을 도와주는 사람들이 있다. 존 챔버스는 로빈스에게도 이런 중요한 자질이 있었음을 암시했다.

"제가 로빈스를 좋아하는 가장 큰 이유 중 하나는 그가 매우 빨리 배우는 사람이라는 것이지요. 그는 자신이 무엇을 알고 무엇을 모르는지를 잘 알고 있었습니다."[58]

초고속 승진 리더들은 항상 변화에 관심을 갖고, 불확실성 속에서도 번창하며, 늘 열린 마음으로 자신이 아직 알지 못하는 것을 인정한다.

3) 팔로워십과 자신의 가치

임원으로 가는 어떤 길이든 팔로워십을 확보하는 것은 그 길을 빨리 가기 위한 필수 조건이지만, 초고속 승진 리더의 길에서 상하좌우 다면 지지 네트워크는 다른 어느 길보다도 없어서는 안 될 전형적인 특성이다.

그 정의상, 초고속 승진 리더는 임원직에 오르기 바로 직전 단계의 직위에 있는 사람들이 아니다. 이것은 그들이 계급을 불문하고 조직 전체의 동료들로부터 지지를 얻어야 한다는 것을 의미한다. 물론 여기에는 경쟁자들을 물리치고 이사회와 CEO에게 선택받는 것도 포함된다. 예를 들어 바라와 로빈스는 둘 다 이사회의 만장일치로 CEO에 선택되었으며, 그들이 승계한 전임 CEO의 도움을 받았다.

초고속 승진 리더들은 또 자신들을 인정해 주어야 할 현재의 간부들로부터도 존경을 받아야 하고, 또 자신이 곧 추월하게 될 임원 바로 아래 직급의 간부들과도 잘 어울릴 수 있어야 한다. 그뿐만 아니라 초고속 승진 리더들은 판매 대리점, 협력업체, 투자자들 등 조직 밖에서도 강력한 관계를 유지해야 한다. 그래야만 그들의 깜짝 지명이 시장 전체에 긍정적 메시지를 전달할 수 있다. 이와 같이 초고속 승진 리더들은 각계각층의 여러 유형의 사람들로부터 지지와 팔로워십을 확보함으로써 지지층을 두텁게 쌓아야 한다.

필자는 시스코에서 로빈스와 함께 일했고, 수년 동안 셀마를 비공식적으로 코칭했다. 그 과정에서 필자는 두 사람 다 그들 각자의 조직에서 여러 계층을 넘어 널리 칭찬과 존경을 받고 있다는 것을 분명히 알 수 있었다. 로빈스는 자신의 소셜 미디어 플랫폼에서 활발히 활동하며 누구나 자신에게 접근할 수 있도록 했고 그들을 진심으로 대했다. 셀마도 은행 내부뿐만 아니라 외부로부터도 높은 평가를 받았다. 실제로 그녀가 스웨덴 회사의 임원으로 영입된 주된 요인은 그녀가 그곳에서 가지고 있던 팔로워십 덕분이었다. 셀마는 은행에서 일하기 전에 스웨덴에서 마케팅 매니저로 직장 생활을 시작했는데 그것이 스웨덴 회사가 임원을 찾는 과정에서 결정적인 역할을 했고, 그런 대내외적인 좋은 평판 때문에 다시 스웨덴으로 돌아올 수 있었던 것이다.

3. 초고속 승진 리더 : 빨리 발전하는 사람과 탈선하는 사람의 특성

빨리 발전하는 사람의 특성	탈선하는 사람의 특성
조직의 미래를 내다보는 비전을 가지고 있다.	조직의 전통적 비전에 머물러 있다.
자신이 무엇을 모르는지 잘 알고 있다.	여러 해 동안 한 가지 업무나 기술에서만 우수한 성과를 올렸다.
조직의 성공에 필수적인 핵심 보직을 포함해 다양한 역할을 수행했다.	관습과 안정을 선호한다.
계산된 위험을 두려워하지 않으며 친밀감을 가지고 재창조를 시도한다.	자신 안에 있는 발전적 요구를 확신하지 못한다.
널리 존경받고 있고 모든 직급에 걸쳐 지지를 받고 있다.	자신과 비슷한 사람들과만 어울리며 전체적인 팔로워십을 확보하지 못했다.
	미지의 상황보다는 확실한 답이 있어서 해결할 수 있는 상황을 좋아한다.

제5장

창업자

구글에서 분석 책임자로 일했던 에이미 창이 벤처 자금을 지원받아 디지털 개인 비서 스타트업인 어컴퍼니를 공동 설립하기 위해 구글을 그만뒀을 때, 그녀는 최고경영자였던 래리 페이지나 임원급 직급과는 단지 두 단계 아래 직급이었다. 이것이 창업자의 길에 들어서는 간부 대부분의 특징이다. 그들은 조직 내에서도 임원이 될 준비가 되어 있는 상황에서 스스로 창업의 길을 택한다.

전문가들에게 시장 전망과 네트워크 구축, 기타 비즈니스 교류에 필요한 통찰력을 제공해 주는 각종 정보를 취합하는 어컴퍼니는 '기업 고위 의사결정권자를 위한 세계 최대의 데이터베이스'를 자랑한다.[59] 예를 들어 '고객 관계 관리relationship management'라는 상품은 뉴스 및 소셜 미디어 업데이트, 재무실적 데이터, 인사 발표 등과 같은 정보를 한데 모아 인공지능을 이용해 이를 가공해서 중요한 회의를 앞두고 있는 사용자에게 제공해 주는 서비스다.

창의 설명에 따르면 "마치 당신의 개인 비서가 당신

에게 필요한 모든 서류를 챙겨 주는 것 같은 서비스"다. 아이러니하게도 창은 기업 간부에서 창업주로 변신하는 데 있어 가장 어려운 문제 중 하나가 바로 그것이라고 인정했다.

"당신이 모르는 정보가 매일매일 홍수처럼 넘쳐흐르기 때문에 모든 것에 대해 사전에 계획할 수는 없습니다. 완전히 준비한다는 것은 불가능하지요."

앞으로 살펴보겠지만, 이 길을 통해 임원이 되는 것은 특정한 경험 목표를 달성하는 사고방식과 관련이 있다.

친환경 재질과 현대적 디자인을 추구하는, 자칭 '편지지광'인 페이퍼컬처Paper Culture의 공동 창업자 크리스토퍼 우Christopher Wu는 창업자가 되는 것에 대한 창의 생각에 전적으로 동의한다.[60] 우는 하버드 경영대학원에 진학하기 전에 경영컨설팅 분야에서 경력을 쌓았고, 야후, 스냅피시Snapfish, 휴렛팩커드 등에서 간부로서 성공적인 직장생활을 거친 후에 페이퍼컬처를 창업했다.

"당신이 기업가적 기질을 지닌 리더라면, 당신의 사

명과 차별성이 무엇인지 알아야 합니다. 그 밖의 모든 것은 변하는 것들입니다. 당신이 수많은 기술과 지식을 가지고 있다고 해도 대부분 3년 안에 쓸모없게 될 것입니다. 늘 지속적으로 새로워지려는 노력을 게을리해서는 안 됩니다."

'새로워지려는 노력'이야말로 창업자의 길을 걸으려는 간부에게 반드시 필요한 속성이다. 창이나 우 모두 그들의 회사가 2020년에도 여전히 번창할 것이라고는 확신할 수 없다. 하지만 두 사람 모두 정상으로 향하는 창업자의 길에 대해 분명히 지적하는 것이 있다. 이 길은 마음이 약한 사람들이 가는 길이 아니라는 것이다. 많은 관찰자들이 기업가 정신이야말로 임원이 되는 다른 길과는 완전히 다른 별개의 옵션이라고 생각하는 것도 바로 그 때문이다.

필자도 전적으로 이런 생각에 동의한다. 오늘날 크게 성공한 1990년대에 생긴 스타트업들은 대개 차고나

대학 기숙사 방에서 창업했지만, 최근에 시작된 새로운 모험의 물결은 보다 풍부한 경험을 가진 기존 간부들에게서 비롯될 가능성이 크다. 기업가 마인드 육성기관으로 유명한 카우프만 재단Kauffman Foundation에 따르면, 미국 태생의 기술 창업자의 평균 및 중간 연령은 39세로, 50세 이상이 25세 미만보다 두 배 이상 많았다.[61] 또 〈포브스Forbes〉에 따르면 55세 이상의 창업자가 35세 미만의 창업자에 비해 스타트업을 높은 성장으로 이끌 가능성이 두 배나 높았다.[62] 창업자가 실현 가능하고 유망한 임원의 길이 될 수 있는 원인은 나이말고도 여러 가지 이유가 있다.

첫 번째 이유는 스타트업 창업의 후예들이 크게 성장했다는 사실이다. 초기 '신新경제'의 선구자들은 오늘날 미래의 창업자들을 위한 훈련장이 되었다. 1999년 야후의 주가가 최고가인 110.39달러를 기록한 후 거의 30년이 지난 지금까지 수많은 유명 기술 스타트업들이 포춘 500대 기업이 되었다. 1994년에는 아마존이,

1998년에는 구글이, 1997년에는 넷플릭스가 설립되었다. 이후 이 회사들은 스타트업의 핵심을 터득하고 회사를 위한 가치를 창출하면서 기업가 정신을 온전히 자기 것으로 만들어 결국에는 자신의 기업을 창업하기 위해 떠난 창과 우 같은 간부들을 수천 명씩 채용하고 육성했다. 결과적으로 혁신 인터넷 기업의 성장과 성공은 전통적 기업을 과감하게 떠나 기업가 정신을 수용하고 창업자가 되는 인력을 창출하는 역할을 했다고 볼 수 있다.

기업가 정신이 임원이 되는 주류의 길이 될 수 있는 두 번째 이유는 전통적인 프리랜싱 개념의 연장선이라 할 수 있는, 공유 경제로 알려진 이른바 '긱 이코노미gig economy'의 출현이다. 우리는 한 가지 일에서 다음 일로 직접 이동하거나, 창의적인 디자인 업무에서부터 IT, 컨설팅 업무 등 모든 것을 관리하는 독립 계약자로서 한 회사에서 다른 회사로 옮겨 다니는 개인들이 폭발적으로 증가하는 것을 목도하고 있다. 소프트웨어 개발 회사 인튜이트Intuite의 한 연구는 2020년까지 미국 근로자의

40%가 독립 계약자가 될 것이라고 예측하고 있고, 다른 여러 연구에서는 그 비율을 더 높게 보기도 한다.[63] 비록 모바일 분야의 재능이 일반적으로 고위 간부에게는 적용되지 않더라도, 자신이 원하는 방식으로 일하고 자신의 개인적 가치에 맞는 경력을 쌓는 쪽으로 직업 환경이 변화하면서 창업자가 되려는 간부들이 불에 기름을 부은 것처럼 늘어나고 있다. 필자가 인터뷰한 기업가적 사고를 가지고 있는 간부들은 한결같이, 창업을 하려고 결심하는 데 있어 '자신의 일을 더 잘 통제할 수 있다'는 것과 '개인의 가치에 집중할 수 있다는 것'이 중요한 요인으로 작용했다고 말했다.

세 번째 이유로는 빠르게 변화하는 조직의 형태를 들 수 있다. 기업들이 계속 진화하면서 기업 조직은 전통적인 계급 구조로부터 벗어나, 고객의 요구를 더 잘 충족시킬 수 있도록 정비된 작고 대응적인 팀 중심으로 운영되고 있다. 이는 모든 간부들이 혁신적인 존재가 되어야 한다는 것을 의미한다. 기업 조직이 이와 같이 변화함에 따라 간부들이 더 빠르고 더 대응력 있는 존재가 되기 위해서는 기업가적인 도구를 사용해야 할 필요성이 더욱 높아졌다. 이 과정에서 큰 조직 내에도 스타트업 문화의 씨앗이 생겨났다. 민첩한 운영이 조직의 주류가 되면서 더 많은 간부들이 기업가처럼 생각하는 방법을 배우고 그에 따라 자신의 진로를 계획하게 된 것이다.

하버드 경영대학원에 따르면, 창업자의 거의 40%는 과거 회사에서 CEO를 지낸 사람들이었고, 29% 가까이가 과거 회사에서 수석 부사장이나 부사장, 관리자 또는 이사를 지낸 사람들이었다.[64]

창업자가 되는 것은 임원으로 가는 빠른 길이 될 수 있다. 리더들은 같은 생각을 가진 파트너들과 함께 자신의 회사를 창업하기 위해 어느 정도 안정을 희생하기도 한다. 어떤 창업자들은 장기적인 가치를 실현하기 위해 오랜 시간과 노력을 들여 회사를 창업한다. 그런 반면 한 회사를 창업하고 전략적으로 빠져나가는 이른바 연쇄 창업자들도 있다. 또 어떤 이들은 스타트업을 창업했다가 그 회사를 대기업에 인수 합병시켜 다시 큰 기업으로 되돌아오는 경우도 있다. 중요한 것은 임원으로 가는 길 중에 이 창업자의 길은 여러 면에서 다른 길들보다 더 융통성이 있고 '제로섬 게임'이 될 가능성이 적다는 장점이 있지만 상당한 위험을 수반한다는 것이다. 그 위험을 스스로 평가하는 한 가지 방법은, 필자가 인터뷰한 창업자들이 어떤 상황에서 그 위험을 자신들에게 유리하게 만들었는지 살펴보는 것이다.

1. 예비 창업자에 대한 중요한 질문

창업자의 길을 따르는 사람들은 자신의 기회를 스스로 적극적으로 창출하고 임원으로 가는 시기를 자신이 통제한다는 점에서 앞서 살펴본 다른 길과는 크게 다르다. 하지만 이 유별난 길이 당신에게 맞는 길인지 어떻게 알겠는가? 필자가 함께 일하거나 인터뷰했던 간부들에 따르면, 당신이 창업자의 길에 적합한지를 확인하는 데 도움이 되는 다음과 같은 몇 가지 질문들이 있다.

1) 세상에 더 큰 영향력을 미치기를 원하는가?

기업가들은 낙관적인 사람들이다. 필자가 만난 창업자 중 불만을 품고 회사 간부직을 떠난 사람은 거의 없었다. 오히려 대부분은 그들이 하는 일을 좋아했고 실제로 매우 성공적으로 수행했다. 상당수의 경우는 창업하기 위해 회사를 떠나지 않았더라도 다니던 회사에서 임원의 반열에 올랐을 것이다. 하지만 그들은 궁금해했다.

"독립하면 더 큰 영향력을 발휘할 수 있지 않을까?"

에릭 라슨^{Erik Larson}은 소프트웨어 회사 어도비 시스템^{Adobe Systems}에서 상무급 간부로 근무하다가 행동경제학을 이용해 더 빠르고 더 좋은 의사결정을 하도록 돕는 온라인 비즈니스 소프트웨어 개발 회사 클로버팝^{Cloverpop}을 창업했다. 라슨은 수년 동안 회사를 창업하겠다는 생각에 사로잡혀 있었다고 말했다.

"그것이 내가 할 줄 아는 일이라고 생각했으니까요. 게다가 사람을 고용하고 이 세상에 진짜 가치 있는 일을 창출하는 회사를 창업한다는 생각만 해도 가슴이 두근거렸습니다. 정말 짜릿했지요."[65]

크리스토퍼 우도 두 가지 목표를 마음속에 새기고 스냅피시를 떠나 페이퍼컬처를 공동 창업했다.

"물론 우리는 멋진 회사를 만들고 싶었지요. 하지만 그것 못지않게 다양한 차원에서 차별화된 회사를 만들고 싶었습니다."

우와 그의 창업 파트너들에게 그것은 지구에 긍정적인 영향을 미치고 기후 변화에 대한 인식을 높이는 것을 의미했다. 그 목적의 일환으로 페이퍼컬처는 주문 하나가 완성되면 나무를 한 그루씩 심는다.

이런 창업자들의 사례에서 볼 수 있듯이, 창업자를 택하는 이유는 단지 하나의 성공적인 회사를 키우겠다는 욕구 차원을 넘어선다. 창업자들이 이 길을 선택하고 동기를 부여했던 것은 바로 세상에 더 큰 영향력을 미치겠다는 희망을 갖고 있었기 때문이다.

2) 나는 어떤 문제를 해결할 수 있는가?

창업자에게 아이디어는 모든 것의 중심이다. 창은 밤잠을 자지 못할 정도로 아이디어가 넘쳤기 때문에 마침내 "그 길로 가기로 결정했다"라고 필자에게 말했다. 라슨은 행동경제학과 과학을 이용해 의사결정을 개선할 수 있다는 아이디어가 "결코 그냥 넘길 수 없는 생각"이었다고 말했다.

필자가 인터뷰한 많은 창업자들은, 떠오른 아이디어들이 어떤 구체적인 생각이나 실행 전략이라는 차원을 넘어, 특정한 문제를 해결하기 위한 동기를 부여해 주었다고 말했다.

수전 마셜Susan Marshall이 그 좋은 예다. 그녀는 창업자가 되기 전 클라우드 기반 솔루션 제공업체인 세일즈포스Salesforce에서 제품 마케팅 담당 상무이사로 일했다. 어느 날 마셜이 현장에 나가 고객들과 이야기를 나누는 자리에서 풀리지 않는 문제에 대해 계속 같은 이야기를 듣다가 기업가적인 섬광이 그녀의 머리를 스쳤다.

"그 고객들은 모두 우리에게서 여러 개의 도구를 샀지만, 그 도구들이 효과적인 해결책이 되지는 못한 것 같았습니다. 저는 이 기술을 한 군데로 끌어모으면 고객들이 필요로 하는 시스템에 접근할 수 있는 방법이 분명히 있을 거라고 생각했지요."[66]

마셜은 만약 고객들의 문제를 해결하고 그들이 성공하는 것을 도울 수 있다면 자신도 성공하게 될 것이라고 생각했다. 그런 생각을 마음에 품은 마셜은 프리랜서 인재들과 캠페인, 마케팅 기술을 하나의 관리 플랫폼에 연결함으로써 마케팅 담당자들이 더 많은 일을 빠르게 처리할 수 있도록 돕는 소프트웨어와 서비스 솔루션을 개발하는 회사인 토치라이트Torchlite를 창업했다.

마셜의 이야기는 특별한 사례가 아니다. 창과 라슨도 자신들의 모험(창업)이 자신과 주변 다른 사람들이 일하고 살아가는 방식을 개선하고, 특정 문제를 해결하거나 공백을 채워 주려는 욕구에서 비롯되었다고 말했다. 크리스토퍼 우도 페이퍼컬처는 어떤 점에서는 임신한 아내의 한마디에서 탄생한 것이라고 말했다.

"아내가 '이봐요, 당신 할 일이 있어요'라며 가서 아기 출생 신고서를 떼어 오라고 하더군요."

우는 곧바로 페이퍼컬처를 창업했고 그것으로 그의 문제는 해결되었다.

3) 공동 창업자는 누구인가?

창업자와 공동 창업자들은 평생 동고동락할 사이다. 당신의 잠재적 공동 창업자들과 그들이 가지고 있는 재능도 이 기업가적인 길이 당신에게 적합한지를 결정하는 데 중요한 요소다.

아마도 공동 창업자들이 당신에게 줄 수 있는 가장 중요한 자산은 당신의 경험과 인맥을 보완해 줄 그들의 경험과 인맥일 것이다. 스타트업의 공동 창업자들은 기술적인 전문성과 실행 경험, 리더십 등에서 완벽한 보완적 존재들이다. 창업 멤버 중 누구는 엔지니어, 또 누구는 금융 전문가, 또 다른 누군가는 다방면에 해박한 사람일 수 있다.

창은 어컴퍼니를 설립할 때, 개인의 소셜 네트워크를 생성해 주는 온라인 플래폼인 닝^{Ning}의 전 CFO였던 라이언 맥도노프^{Ryan McDonough}를 포함한 몇몇 파트너들과 함께했다. 라이언 맥도노프는 어컴퍼니의 CFO를 맡아 주었다. 그녀는 또 절친한 친구이자 구글에서 함께 일했던 기술 분야의 동료를 데려와 기술책임 이사로 삼았다.

우의 공동 창업자 중 한 명인 아누라그 멘데카르^{Anurag Mendhekar}는 야후에서 근무했던 전 동료이자 이전에 몇 차례 스타트업을 창업한 CEO로서의 경험을 가진 인물이었다. 멘데카르는 페이퍼컬처에서 CTO 역할을 맡고 있으며, CEO인 우의 멘토이기도 하다.

공동 창업자들은 인맥과 경험의 면면을 넘어, 당신이 언제 임원으로 가는 이 길을 선택해야 하는지 결정할 수 있도록 도와주기도 한다. 필자가 함께 이야기를 나누어 본 몇몇 창업자들은 자신의 공동 창업자들이 '자문'

역할을 해 주었으며 회사 초기부터 회사의 생존 가능성과 성공 가능성에 대해 '객관적으로 현실을 직시하게' 해 주었다고 말했다.

4) 재정적으로 튼튼한가?

자금 조달과 벤처 투자는 '임원으로 가는 길'을 발견하겠다는 이 책의 범위를 넘어선 광범위한 주제다. 그러나 개별 간부들에게 있어 세상의 주목을 받을 수 있는 자금 조달 능력은 그의 개인적인 재정 능력과 관계가 있다. 대부분의 고위 간부들에게 창업자의 길을 선택하는 것은 재정적인 모험을 감수해야 한다는 것을 의미한다. 높은 보수를 받는 편안한 간부의 자리를 떠나 홀로 서야 하는 일이기 때문이다. 클로버팝을 창업한 라슨은 그것을 이렇게 표현했다.

"재정 문제는 아마도 창업자의 길에서 가장 중요한

문제일 것입니다. 창업한 기업이 생존 가능하게 되기까지 얼마나 걸릴 것이라고 생각하든, 최소한 그 기간의 5배는 견딜 수 있도록 재정적으로 대비해야 합니다."

필자가 인터뷰한 또 다른 창업자는 이렇게 말했다.

"연봉 100만 달러를 받는 자리를 박차고 나왔는데 처음에는 전혀 한 푼도 벌지 못했지요. 시간이 지나고 나서야 겨우 연 9만 달러를 받을 수 있었습니다."

그러나 현재 그는 CEO로서 여섯 번째 창업에 들어갔다.

필자가 인터뷰한 창업자들은 모두 회사를 그만두었을 때 나름대로의 자금 대책을 가지고 있었다. 그것은 그동안 모아놓은 개인 저축이 될 수도 있고, 자신이 벌지 않아도 충분히 돈을 벌고 있는 배우자가 있을 수도 있고, 이전 직위에서 물러난 뒤에도 자금 유동성을 유지하고 있는 경우가 될 수도 있다. 그러나 연착륙의 기회가 있다 하더라도 창업자의 길을 가는 간부와 그 가족들은

그 과정에서 발생하는 불가피한 재정적 손실과 개인적인 위험으로부터 무사할 수 있는 방법을 강구해야 한다,

5) 개인적 지지를 확보하고 있는가?

개인적인 지지의 중요성은 임원으로 가는 어떤 길에서든 과장할 수 없을 만큼 중요하다. 최고 수준의 리더십에 도달하는 것은 어떤 방식이 됐든 어렵고 힘든 일이기 때문이다. 스타트업 환경에서는 복지, 훈련, 급여 등 제도적 인프라가 부족하기 때문에 창업 간부 개인의 지지 네트워크가 특히 강해야 한다. 개인적 지지는 공동 창업자, 친구, 가족에게서 먼저 나온다. 그들의 지지가 만들어 내는 상승효과는 결코 부인할 수 없다.

창은 남편의 심정적 뒷받침이 없었다면 구글을 떠날 용기를 낼 수 없었을 것이라고 말했다. 라슨도 필자에게, 아내의 격려는 물론 아내가 성공적인 직장 생활을

하고 있었기 때문에 자신이 과감하게 회사를 떠날 수 있었다고 말했다. 스냅피시를 그만두고, 결혼을 하고, 게다가 첫 아이를 낳고 집까지 장만하는 모든 일을 한 해 동안 치렀던 우는 "그렇게 하는 것은 절대 권하지 않습니다. 아무리 좋은 상황이었다 하더라도 그것은 무리였습니다"라고 고백하기도 했다.

6) 실패하면 어떻게 할까?

창업자의 길을 선택했을 때 한 가지 확실한 것은 어느 시점에서는 실패할 수도 있다는 사실이다. 아마도 창업 초기가 아닐 수도 있고 궁극적으로 큰 실수가 아닐 수도 있지만, 언젠가는 의미 있는 방식으로 실패할 때가 올 수 있다(아마도 여러 번 올 것이다).

임원으로 가는 다른 길과는 달리, 창업자의 길에는 실패가 자주 수반되기 때문에 실패와 재창조해야 하는 상황이 당신에게 현실적인 선택지인지 여부를 판단할 수 있어야 한다. 회복력과 창업자의 사고방식을 살펴보면서 실패에 대해 좀 더 자세히 설명하겠지만, 우선은 실패하면 어떻게 해야 할지 스스로를 돌아보면서 판단해 보아야 한다. 스스로 재창조할 수 있는가? 방향을 전환할 것인가? 다시 마음을 추스르고 전진할 것인가? 다른 길을 선택할 것인가? 어떤 선택을 하든, 스스로에게 질문하고 당신의 다음 행동이 무엇일지 상상해 보아야 한다.

미래의 창업자들을 위한 이러한 질문들은 경험과 사고방식 그리고 팔로워십에 대한 우리의 논의와 맥을 같이 한다. 창업자의 길이 여러 면에서 독특하긴 하지만 성공을 위한 몇몇 요소들은 임원이 되기 위한 네 가지 핵심 경로에서 공통적으로 나타나고 있음을 알 수 있다.

2. 창업자의 길을 빨리 가려면

창업자들은 다양한 경험과 배경을 가지고 있다. 하지만 기업가의 생태계에 진입하려면, 이 흥미롭고 예측할 수 없는 길을 따라가면서 당신의 경험을 가속시킬 핵심 능력과 더불어 다음과 같은 특정 조건이 요구된다.

행동과 경험	사고방식과 관점	팔로워십과 자신의 가치
자기 주도적 경험과 직접 학습을 통한 발전	불확실성을 수용하고 위험 감수에 익숙해져라	공동 창업자와 간부진 유치
고도의 업무 전문 지식 개발	가다 보면 실패할 수도 있다	투자자의 생태계 활용
영업, 커뮤니케이션, 네트워킹, 팀 빌딩 등 구체적 기술 숙달	실패해도 다시 일어서서 재창조를 계획한다	창업자 네트워크로부터의 지지 확보

1) 행동과 경험

임원으로 가는 모든 길을 따라가다 보면 경험이 쌓이면서 발전이 빨라지는 것을 볼 수 있다. 그러나 안정된 기업 내부 환경에서 일하다가 창업자의 입장에서 새로 시작하는 것은 결코 쉬운 일이 아니다. 창은 필자에게 이렇게 말했다.

"구글에서의 조직 경험은 어떤 면에서 도움이 되었지만, 또 다른 측면에서는 상처가 됐지요. 아무것도 없는 상태에서 처음 사업을 시작하면 따라야 할 규칙들이 너무 달라서 뒤죽박죽이 되기 십상입니다."

창뿐만 아니라 다른 창업자들도 비교적 안정된 환경에서 예측하기 어렵고 제도적 지원이 적은 환경으로 이동하는 것이 큰 도전이라는 점을 인정했다. 대기업 임원 자리라는 안정적인 환경 속에서 '주어진 임기 동안 근무하는 것'은 스타트업 창업 경험에 꼭 들어맞는 시뮬레이션이 될 수는 없다는 것이다.

그러한 특성에도 불구하고, 창업자의 길을 가는 데 도움이 될 수 있는 특정한 경험들이 있다.

● 자기 주도 학습을 훈련하라

창업자들이 추구하는 첫 번째 경험 방식은 끊임없이 연습하는 것이다. 라슨은 클로버팝을 창업하기 전에 몇 가지 진지한 훈련 과정을 거쳤다. 그는 매크로미디어 (Macromedia, 2005년 어도비에 인수되었다 - 옮긴이)와 어도비에서 12년간 근무하는 동안 "새로운 제품을 개발하고 다른 사업 모델을 테스트하는 일에 의식적으로 주력했으며, 전통적인 대형 프로젝트는 가급적 피했다"고 말했다. 그는 또 "각기 다른 단계에 있는 기업을 살펴보기 위해 기업 인수 업무에도 힘썼다"고 말했다.

목적의식을 갖고 추구하는 이런 식의 자기 주도적 학습은 창업자들이 공식적인 교육을 받는 대신에 자주 이용하는 방식이다. 많은 창업자들이 이와 같은 기업 환경에서 배출되었다. 구글이나 3M 같은 회사들은 간부들이 스스로 그런 실험과 혁신을 경험할 수 있는 기회를 제공해 준다.

● 고도의 전문 지식을 습득하라

필자가 관찰한 창업자들은 그들에게 도움이 되는 전문적인 업무 지식과 기술, 경험을 두루 갖추고 있었다. 창은 스탠퍼드 대학교에서 전기공학 학위를 받았으며 수년간 구글에서 분석 책임자로 일했다. 이 모든 것들이 그녀와 그녀의 파트너들이 데이터 플랫폼 전체를 직접 구축해야 하는 어컴퍼니에서 매우 유용하게 활용되었다. 수전 마셜은 애플, 어도비, 세일즈포스 등의 제품 마케팅 및 관리 분야에서 폭넓은 경험을 했으며, 디지털 비디오, 오디오, 모바일, 소셜 미디어, 데이터 관리 기술의 급속한 발전에도 깊이 관여했다. 그 과정에서 그녀는 디지털 마케팅을 혁신하고 업계의 '잘못된 관행을 바로잡기 위한' 노하우를 터득했다. 그들은 이런 형태의 고도의 전문 지식을 터득함으로써 근무하던 회사를 떠나 창업자의 길을 개척할 수 있는 지식과 신뢰를 쌓을 수 있었다.

● 영업 및 커뮤니케이션 기술을 개발하라

필자가 만난 창업자들은 모두 자신들의 사업을 각계각층의 사람들에게 전파하는 일련의 능력들을 가지고 있었고, 그 능력들은 서로 밀접한 관련이 있었다. 예를 들어 우선 기본적인 영업 능력은 다방면에서 쓸모가 있다. 창업자로서 당신은 당신의 네트워크를 통해 당신의 아이디어를 투자자나 파트너, 협력업체, 고객들에게 팔아야 하기 때문이다. 창은 필자에게 이렇게 말했다.

"걸스카우트 시절에 쿠키를 팔아 본 이후 무언가를 파는 것은 처음이었습니다. 그때 쿠키를 팔았던 경험은 제가 처음으로 인생에 눈을 뜬 경험이었지요. 하지만 15만 달러짜리 아이디어를 파는 것은 그동안 알던 것과는 전혀 다른 차원이었습니다. 그 일을 통해 많은 것을 배웠지요."

창업자들이 자신에게 부족한 자산을 채우기 위해 필요한 인재를 끌어들이기 위해서는 영업 능력뿐만 아니라, 의사소통 능력을 사용하는 것도 중요하다. 창업자들은 더 적은 인력과 비용으로 더 많은 일을 해야 하기 때문에 자신이 가지고 있는 능력에 대해 냉정하게 분석한 후 부족한 것은 외부 교육을 통해 배워야 한다. 예를 들어 당신이 스타트업을 시작하면서 CEO뿐만 아니라 CTO 역할도 함께 맡을 의욕과 자격을 갖추고 있다면, 재무나 운영 또는 마케팅이나 영업 전문가를 통해 그러한 업무를 배울 필요가 있다.

창업자로서 당신은 영업이든 사이버 보안이든, 당신의 풍부한 경험을 활용해 당신을 위해 일할 수 있는 다양한 전문가 포트폴리오를 구축하고 수시로 학습을 게을리하지 않아야 한다.

2) 사고방식과 관점

창업자의 길에서 고려해야 할 사고방식은 전적으로 극단적인 위험과 불확실성을 관리하는 것으로 정의될 수 있을 것이다. 기업 환경 속에 있다가 스타트업 리더로 나아가려면 엄청난 관점의 변화가 필요하다. 그런 점을 염두에 두고, 창업자로서 새로운 출발을 하기 위해 필요한 몇 가지 주제들을 살펴보기로 하자.

• 미래의 불확실성을 수용하라

필자가 창업을 꿈꾸는 간부들과 대화를 나눌 때, '미래를 잘 모르겠다'라는 주제는 항상 단골 메뉴였다. 경험이 풍부한 한 창업자는 그것을 다음과 같이 요약했다.

"월요일 아침에 일어나면 금요일까지 무엇을 배워야 할지 모른 채 하루를 시작합니다. 그러다가 수요일쯤 되면 무엇을 해야 할지 보이게 되고 그제야 전혀 예상하지 못했던 문제들을 해결하려고 허둥대지요. 그리고 주말이 되면 '음, 앞으로 천천히 해결해야지'라고 생각합니다. 그러고는 마치 거친 야생마를 탄 것처럼 그 문제를 꼭 붙잡고 놓지 않습니다."

창업자로서 성공하려면 제한된 정보로 결정을 내리고, 신속하게 적응하며, 위험에 즉시 대처할 수 있어야 한다. 당신이 이 세 가지 힘든 일을 처리할 수 있다면 당신은 비로소 창업자의 길에서 만나게 될 불확실성과 대면할 마음의 준비가 된 것이다.

● 가다 보면 실패할 수도 있다

실패는 창업을 꿈꾸는 간부들에게 놓인 엄연한 현실이다. 실패를 어떻게 다루느냐에 따라 당신이 얼마나 멀리 갈 수 있는지가 결정된다.

라슨은 클로버팝을 창업하기 전에, 그가 몸담았던 매크로미디어에서 위험을 피하지 않고 실험을 통해 배운다는 회사 문화 덕분에 미래의 어려움에 대비할 수 있었다.

"얼마나 많은 계란을 깨뜨렸는지는 중요하지 않았습니다. 중요한 건 일이 계속 일어나도록 만들고 끊임없이 조정해나가는 것이지요."

실제로 라슨은 실패를 마다하지 않았고, 그래서 실패 경험에 익숙해졌으며 그에 따른 회복력을 키울 수 있었다. 실패가 일어나도 실패를 온전히 받아들임으로써 자신의 본능을 연마하고 실패의 두려움을 이겨낼 수 있었다.

창도 창업자에게는 실패가 건설적인 경험이라는 데 동의한다. 그는 두려움은 항상 존재하지만 그 두려움이 매일매일 혁신과 개선을 통해 앞으로 나아갈 수 있는 원동력이 될 수 있다고 말했다.

● **회복력을 키우고 미래의 비전을 가져라**

임원으로 가는 길 중 이 창업자의 길이 그 불확실성과 위험에도 불구하고 좋은 점은, 이 여정이 흥미진진하고 어떤 면에서는 관용적이라는 사실이다. 성공적인 창업자들은 여간해서는 잘 쓰러지지 않는다. 한 스타트업의 임원이 필자에게 말한 것처럼 "인터넷 상에서는 항상 일부 코드를 수정하고 재배치하는 순간 또 다른 기회를 얻는다."

잘못된 길로 들어섰을 때 앞으로 어떤 방향으로 진로를 수정하느냐가 창업자의 사고방식에서 가장 중요한 부분임은 두말할 나위가 없다. 창업자들은 잘못된 가정이나 이미 놓친 기회에 미련을 갖는 대신, 그것을 바로잡기 위해 그들이 지금 당장 해야 할 다음 조치가 무엇일지를 모색한다. 당신은 필요한 경우 기꺼이 당신의 비전과 중심 가치를 조정해야 한다. 당신은 또 조직의 다른 사람들에게 회복력의 본보기를 보여주어야 하고, 투자자들과 파트너들에게 만일의 경우를 대비한 '플랜 B'도 보여주어야 한다.

필자가 컨설팅했던 한 스타트업의 CEO는 "아무리 좋은 계획이라도 시행하는 도중에 다시 검토하고 조정할 가능성이 높기 때문에, 대단한 아이디어보다는 회복력이 더 중요하다고 생각한다"고 말했다.

이러한 사고방식의 관점에서 볼 때 분명한 것은, 자기 자신을 이해하는 것이야말로 창업자들에게 반드시 필요한 능력이라는 것이다. 창업자들에게는 대담하고 강력한 의지가 필요할 뿐만 아니라 스스로 자기 성찰을 실천할 의지도 있어야 한다. 마셜의 말처럼, 당신이 이 길을 가기 위한 준비가 되어 있는지, 더 나아가 당신이 정말로 원하는 길인지 결정하기 위해서는 먼저 당신 자신에 대해 잘 알아야 한다.

3) 팔로워십과 자신의 가치

창업자로서 따르는 사람들을 끌어들이는 명분은 임원이 되기 위한 다른 경로에서 팔로워십을 구축하는 것과는 또 다른 문제다. 기존의 기업에서 고위 리더에 대한 팔로워십은 360도 다면적 측면이 강조되었지만, 창업자에게 있어 팔로워십은 실제로 함께 일하는 공동 창업자 팀을 구성하고 유지하는 일이기 때문이다. 앞서 언급했듯이 창업자들은 자신을 품위 있게 보좌하고, 그들의 아이디어와 사명을 신뢰하고, 기꺼이 함께 위험을 감수할 용의가 있는 사업 파트너들을 끌어들여야 한다.

창은 창업 과정에서 고위 간부직의 팔로워십을 구축하는 것은 기본 성향과 신뢰, 상호 존중에 달려 있다고 주장한다.

"저는 건설적인 방식으로 저와 논쟁할 수 있는, 다른 관점을 가진 사람들을 끌어들이려고 노력했습니다. 개인적인 차이점을 따지지 않고 공개적으로 토론할 수 있을 정도로 서로를 신뢰하는 문화를 원했으니까요."

창업자들에게 팔로워십은 투자자들을 끌어들이는 데에도 적용된다. 이 경우 팔로워십 관계는 일반 투자자를 상대로 하는 프레젠테이션에 의해 형성되기도 하지만, 투자자 네트워크 내에서 창업자와의 관계와 창업자의 평판에 따라 형성되기도 한다. 결국 팔로워십은 상호 신뢰를 구축하는 것이다. 실제로 투자자는 창업자의 멘토 역할을 하는 경우가 많다.

기술 산업의 개척자이자 실리콘밸리의 유명 벤처 캐피털 회사 앤드리슨 호로위츠Andreessen Horowitz의 고문인 케네스 콜먼Kenneth Coleman은, 대부분의 창업자들이 처음에는 성공하는 데 얼마나 걸리고 무엇이 필요한지에 대해 매우 순진하게 생각한다고 말했다.

"당신이 직면하게 될 책임과 도전, 희생은 엄청난 것입니다. 특히 임원의 위치에 있으면, 모든 사람들이 회사가 똑바로 가는지 당신만 바라보고 있지요."[67]

콜먼이 말한 최고 조언은 이것이다.

"당신이 하려는 일을 이미 이룩한 사람들과 가급적 많은 대화를 나누세요. 그들을 멘토로 삼고, 무엇보다 당신의 네트워크를 총동원해서 당신이 시작하려는 일을 충분히 이해받을 수 있도록 그들의 도움을 받아야 합니다."

창업자들의 팔로워십에서 또 다른 특별한 요소는, 스타트업 생태계에 있는 같은 길을 걷는 사람으로부터도 지지를 확보해야 한다는 것이다. 실리콘밸리나 뉴욕 같은 창업자의 천국에서는 회사 설립을 위한 인프라가 도처에 널려 있지만, 뉴저지의 트렌턴Trenton이나 신시내티, 디트로이트 같은 수백 개의 다른 도시는 창업자들이 자원 공유부터 네트워킹, 도덕적 지원에 이르는 모든 분야에서 서로 의지하지 않으면 안 된다. 필자는 준비되어 있는 예산에 맞추기 위해 사무실 공간과 비영업 부서 업무, 심지어 직원들까지 공유하는 창업자들을 많이 보았다.

리더십과 팔로워십은 그 정의상 불가분의 관계에 있지만, 대부분의 창업은 그 규모가 작고 복잡한 계층 구조도 없기 때문에 이러한 개념들은 종종 서로 호환되기도 한다.

임원으로 가기 위해 이 길을 택하는 간부들에게 필자가 한마디 조언한다면 바로 이것이다. 자기 자신이 누구인지, 자신이 지금 무엇을 하려는지 제대로 알고 있어야 한다는 것이다. 대부분의 스타트업은 실패한다. 그러나 당신은 그 결과를 긍정적인 것으로 바꿀 준비가 되어 있어야 한다. 그 결과가 당신의 원래 생각이나 다음에 시도할 또 다른 모험과 다르다 할지라도 말이다. 그들로부터 필자가 받은 인상은 이 길을 선택하는 대부분의 간부들은 천성적으로 기업가적인 마인드를 갖고 있으며, 일단 이 길을 택한 이후에는 다시는 기존 조직으로 돌아가지 않는다는 것이다.

3. 창업자: 빨리 발전하는 사람과 탈선하는 사람의 특성

빨리 발전하는 사람의 특성	탈선하는 사람의 특성
자신만의 기업가적 비전을 가지고, 사명 지향적이며, 세상에 광범위한 영향을 미치기를 원한다.	전통적 기업에서의 직업 안정성과 보상 체계를 좋아한다.
돈 버는 일, 개인적 풍요는 부차적인 일이다.	결과를 통제하기 위해 애쓰며, 예측 가능한 것만을 선호한다.
자기를 인식하며, 어떤 기술이 필요하고 파트너로부터 무엇을 보완해야 하는지를 잘 알고 있다.	위험 회피 성향이 있다.
문제를 해결하기 위한 동기 부여가 되어 있다.	자신이나 자신의 아이디어를 다른 사람들에게 적극 알리는 것을 좋아하지 않는다.
업무에 관련한 깊이 있는 전문 지식을 갖추고 있다.	다른 사람에게 위임하는 것을 좋아한다.
재창조에 대해 익숙하며 실패를 두려워하지 않는다.	팀 리더/구성원이 되기보다는 개인적으로 공을 세우는 것을 더 좋아한다.
일을 진행하면서 비전을 바꾸거나 재고할 준비가 되어 있다.	주변에 당신과 비슷한 사람들만 있다.

제6장

그 외
다른 길과
복합 경로

지금까지 설명한 네 가지 핵심 경로는 오늘날 대다수의 임원급 간부들이 만들어 놓은 성공의 길이다. 이 경로는 임원으로 가기 위해 가장 많이 이용된 길이며, 이와 같이 우리보다 앞서 간 사람들이 잘 닦아 놓은 길을 선택하는 것은 그들의 발자취를 따라가는 것이 그나마 쉽다는 분명한 이점이 있다. 많은 간부들은 리더십의 길에서는 배우는 학생이었다. 그들은 모범 사례를 통해 배우고 현재의 멘토들과 이전의 역할 모델들을 모방하기도 한다. 그러나 이 네 가지 길 안에서조차 그들의 길은 다양하기 그지없다. 똑같은 환경이나 경험은 하나도 없기 때문이다.

앞서 언급한 조직 내의 인구통계학적 변화와 직급 구조의 진화로 인해 입사 초년생에서 고위 경영진으로 가는 경력 발전의 형태도 변하고 있다. 한 기업에서의 근속 기간은 짧아지고, 기업가적인 해결책의 필요성은 점점 커지고 있다. 게다가 기업들은 층층시하의 계층 구조에서 중간 단계가 크게 줄어든 팀 위주의 단위로 변신하고 있다.

이러한 변화는 앞에서 언급한 경영진으로 나아가는 네 가지 경로 이외의 대체 경로나 복합적인 경로의 기회를 열어주고 있다. 보직 이동이나 몇 단계 건너뛰기, 다양한 경험, 또는 비선형적인 진로 등 임원에 도달하는 다양한 방법들이 모색되고 있는 것이다.

예를 들어 한 연구에 따르면 '여러 가지 복합적인 기술을 가진' 사람, 즉 핵심 리더십 경험에 더해 특별한 기술 전문 지식까지 갖춘 사람들에 대한 고위직 수요가 매우 높은 것으로 나타났다.[68] 맥킨지앤컴퍼니McKinsey & Company의 북미 지역 경영 파트너인 게리 핑커스Gary Pinkus 는 〈뉴욕 타임스〉에 그런 현상을 이렇게 표현했다.

"오늘날 회사 업무는 믿을 수 없을 정도로 복합 기능적 성격을 띠게 되었다. 이런 상황에서 마케팅 분야의 관리자는 엔지니어의 일을 이해할 수 있어야 하고 엔지니어도 기업의 성과에 대해 의사소통할 수 있어야 한다."[69]

이것은 우리가 고위직에 도달하기 위해 사용하는 전

략이 더 이상 계속 위로만 올라가기 위한 것이어서는 안 된다는 것을 의미한다. 이를 좀 더 입체적인 관점에서 살펴보면, 오늘날 임원으로 가는 길은 탄탄대로를 빠른 속도로 달리는 여왕의 길이라기보다는 모든 산전수전을 겪으며 빙빙 돌아가는 전사戰士의 길인 경우가 많다.

예를 들어 소로스 경제개발기금 Soros Economic Development Fund의 숀 힌튼 Sean Hinton CEO는 기업 임원의 길을 걷기 전에 런던에서 오케스트라 지휘자 공부를 했다. 이후 맥킨지앤컴퍼니 컨설턴트로 일했고, 아스펜 연구소 Aspen Institute의 연구원으로도 활동했다. 그 사이에 호주에서 몽골 최초의 명예 총영사를 지내기도 했다.[70] 정상을 향한 힌튼의 길은 분명히 순탄한 일직선 길이 아니었지만, 이처럼 우회적으로 돌아가는 길이 최근 기업 환경에서는 더 일반적인 유형이 되고 있다.[71]

이런 점에 유념하면서 임원으로 가는 몇 가지 대체경로와 그 길의 유리한 점과 불리한 점을 함께 살펴보기로 하자. 임원이 되기 위해 이러한 옵션들도 있다는 것을 숙지하고 당신이 가진 재능을 복합적으로 사용하면서 당신의 진로를 향해 나아갈 수 있기를 바란다.

1. 비전통적인 길

우리는 이 책을 통해 임원으로 가는 여러 가지 길이 있다는 것을 알게 되었다. 지금부터 설명하려는 비전통적인 길은 간부들이 자신을 특이한 방법으로 증명할 수 있을 때에도 기회가 생긴다는 것을 보여줄 것이다.

1) 컨설팅 회사에서 기업의 임원으로

시스코의 루바 보르노^{Ruba Borno}도 힌튼처럼 빅3 컨설팅 회사를 거쳐 기업의 경영진에 안착했다. 현재 척 로빈스 CEO의 수석 보좌관을 맡고 있는 보르노는 (MBA가 아니라) 공학 석사와 박사 학위를 취득했고, 보스턴 컨설팅그룹에서 근무했다. 보르노는 컨설턴트로서 기술 및 미디어 회사와 함께 일하면서 디지털 전환, 합병 후 통합, 전략 실행 등의 업무를 담당했으며, 특히 시스코 사업의 거의 모든 주요 업무에 관여했다. 기존에 보유한 지식 기반 위에 시스코의 운영을 잘 안다는 점과 시스코 간부진과의 직접적 교분으로 인한 친밀감이 더해지면서 보르노는 실무형 수석 보좌관으로서의 이상적인 임원 후보자가 되었다.

유리한 점
컨설팅 회사를 거쳐 임원이 되는 길은 컨설턴트나 자문관이 해당 산업과 주요 업체에 깊이 관여하여 그 회사의 중요한 문제 해결과 운영 노하우에 접하게 되는 과정에서 열린다.

불리한 점
이 길은 주로 운영 및 실무 위주의 임원직에 해당되며 전반적인 경영이나 회사 핵심 사업을 개선하는 리더십에는 거의 해당되지 않는다.

2) 인수 합병을 통해 임원으로

인수 합병M&A 과정에서 기업이 조직의 구조적 변화를 추진하다 보면 새로운 역할을 위한 자리가 생길 수 있다. 예를 들어 대기업이 스타트업을 인수하는 경우, 사업의 연속성을 유지하고 모든 사람들이 인수 합병의 유리함을 최대한 활용할 수 있게 하기 위해 스타트업의 설립을 주도한 사람들을 그대로 존속시킨다. 테리 마이어슨도 1997년에 자신의 회사가 마이크로소프트에 인수되면서 회사에 남았다. 요키 마쓰오카Yoky Matsuoka도 2014년 구글이 네스트Nest를 인수했을 때 기술 담당 부사장으로 남았다. 마쓰오카는 이후 건강 데이터 스타트업의 CEO로 떠났지만, 2017년에 다시 기술 담당 최고책임자로 네스트에 복귀했다.

그러나 문제는 인수 이후에 스타트업에 있던 간부들이 인수된 회사의 임원급으로 직접 들어가는 경우는 매우 드물다는 점이다. 어쩌면 그들은 새 회사에서 몇 단계 아래 직급으로 들어갈 수도 있고, 고위 임원진에 합류하기 전에 추가 경험이 필요할 수도 있다.

3) 기업 분할 과정에서 임원으로

대기업이 작고 더 효율적인 구조의 기업을 만들기 위해 기업의 일부를 분리하는 기업 분할 같은 구조조정에서도 리더십의 기회가 생긴다. 이상적인 상황이라면, 기업 분할은 모기업뿐만 아니라 분할된 기업에서도 새로운 가치를 창출한다.

예를 들어 NV '타이거' 티야가라잔NV 'Tiger' Tyagarajan은 글로벌 디지털 IT 전문 서비스 회사 젠팩트Genpact의 대표이사 겸 CEO가 되었는데, 사실 몇 년 전 본인이 GE에서 이 회사의 분사 업무를 직접 담당했었다. 원래 GE 캐피털GE Capital 내의 서비스 조직이었던 젠팩트는 이제 디지털 전환 및 아웃소싱 컨설팅 업계의 거인으로 성장했다.

업계의 리더이자 젠팩트의 선구적인 서비스 제공 모델을 구축한 타이거는 처음에는 GE를 떠나는 것을 꺼렸지만, 분할된 회사를 맡는 것이 '세계에서 이름을 날릴 수 있는 기업가적 기회'임을 인식했다.[72]

"당시로서는 새로운 사업 모델이었지만, 저는 그것이 서비스 제공 방식을 바꿀 것이라는 걸 알고 있었습니다."

2016년에는 분사가 35건(초기 시가로 약 1,000억 달러 상당)에 불과했지만, 꾸준히 증가 추세를 보이고 있어 분할 기업과 해당 업계를 폭넓게 이해하고 있는 리

더들에게는 임원이 될 수 있는 가장 적합하고 구체적인 기회라고 할 수 있다.[73]

유리한 점

기업 분할은, 기본적으로 성장 지향적으로 조성된 기업가적 환경에서 평범한 기업 활동을 넘어설 준비가 된 숙련된 간부들에게 흥미진진한 기회가 될 수 있다.

불리한 점

기업 분할은 간부들에게 위험한 제안이 될 수 있다. 분사된 기업이 성공의 길을 간 경우도 물론 많지만, 대기업들이 실적이 취약하거나 이윤이 적은 사업부를 분할하는 경우도 적지 않기 때문이다.

2. 임원에서 임원으로 이동하는 경우

현직 임원에서 또 다른 임원 보직으로 도약하는 경우는 대개 다른 역할을 맡게 되거나 승진하거나 그냥 다른 회사로 옮기는 경우다. 가장 흔한 임원 이동은 다른 회사로 이동해 같은 역할을 하는 경우이지만 그렇지 않은 경우도 많다.

1) 이사회에서 CEO로

이사회 위원들은 광의의 개념에서 임원이라 할 수 있으며, CEO 승계 과정에서 중요한 역할을 한다. 이사회 위원이 전통적인 임원의 자리로 가는 경우는 그리 흔치 않다. 스탠퍼드 대학교 경영대학원의 연구에 따르면, 2005년에서 2016년 사이 포춘 1,000대 기업에서 사외이사가 CEO로 자리를 옮긴 경우는 58차례 있었던 것으로 조사됐다.[74] 연구에 따르면 이사들은 그 회사의 고유한 내부 국외자라는 특성 때문에 경영진에 입성하는 것이 매력적인 대안이 될 수 있었다.

그러나 하버드 경영대학원의 그로이스버그 교수는, 그런 경우는 회사가 기능 장애에 빠졌다는 신호일 수도 있다고 지적했다.[75] 이사회에서 CEO를 영입하는 것은 승계 준비가 부족했다는 신호라는 것이다. 또 현직 CEO가 갑자기 사임하는 경우도 경영진이 혼란스러운 상태라는 신호이며, 이 경우(그런 상황에서 68%)에도 대개 이사회에서 CEO를 선임한다.[76]

유리한 점
사외이사는 "그들이 전략, 비즈니스 모델, 위기 경영 실천 등 회사의 모든 측면에 정통하고 경영진과 개인적 유대 관계를 맺고 있을 때" CEO 승계 상황에서 후보자로 두각을 나타낼 수 있다.[77]

불리한 점
그러나 이사회에서 CEO를 승계하는 것은 장기적인 대책은 아니다. CEO로 변신한 이사회 위원은 대개 오래 머물지 않는다. 임시로 지명된 이사는 대개 6개월 이하, 장기적으로 임명된 경우에도 평균 3.3년을 넘지 않는다.[78]

2) 실무 임원에서 CEO로

COO, CFO 또는 CSO들이 자신만의 고유한 실무 업무 능력을 넘어서는 경험을 가지고 있는 경우, CEO가 되는 것은 그리 드문 일이 아니다. 인드라 누이^{Indra Nooyi}가 그 좋은 예다. 2006년 펩시코^{Pepsico}의 CEO로 선임된 누이는 그 이전에 5년간 CFO를 역임하면서 펩시코의 구조조정과 여러 건의 인수 작업을 주도했다. CHRO에서 CEO로 승진하는 일은 더 흔치 않은 일이지만, 유로디즈니^{Euro Disney}의 CEO를 지낸 필립 개스^{Philippe Gas}는 인사 담당 최고책임자에서 바로 CEO에 올라 2008년부터 2014년까지 재임했다. 개스는 총 20년 이상 디즈니에서 다양한 보직을 수행했다.

유리한 점

특정 임원 보직에 있으면 빠르게 CEO가 되는 경우가 많다.
COO와 CSO는 CEO 자리를 연습하는 자리로 간주되기도
한다. 그런 자리들은 그들의 재능에 대한 일종의 내력
테스트가 되어 CEO에 대비한 올바른 경험을 할 기회를
준다고 보는 것이다.

불리한 점

모든 임원들이 최고의 자리에 오를 준비가 되어 있는 것은
아니다. 실무 임원직에 있는 리더들이 CEO가 되기 위해서는
각자의 역할 내에서 단순히 임기를 성공적으로 마쳤다는
것 이상을 보여주어야 한다. 그들은 인사관리와 손익관리
업무가 포함된 직책, 즉 사업부 부사장division vice president이나
제품총괄 책임자product line director 같은 총괄 리더십 자리를
돌아가며 거쳐야 한다.

3) 창업 CEO에서 기존 기업 임원으로

임원에서 임원으로 이동하는 마지막 길은 스타트업 창
업자들이 기존 기업의 임원 자리로 이동하는 것이다. 월
마트Walmart의 앤서니 수후Anthony Soohoo는 필자와의 인터

뷰에서 '창업을 자주 하는 기업가'라는 자신의 평판이 월마트의 홈 전자 상거래 부문 수석 부사장 겸 그룹 총괄 전무라는 현 보직에 적합한 인물이 되게 만들어준 주요 계기가 되었다고 말했다.

앞서 수후는 모바일 엔터테인먼트 뉴스 서비스인 닷스팟터Dotspotter를 설립했다가 2007년 CBS에 인수되었고, 최근에는 밀레니얼 세대를 대상으로 하는 온라인 가정용품 커뮤니티 닷앤보Dot & Bo를 공동 설립하기도 했다. 수후는 세계 최대 유통기업의 간부로서의 일에 대해 이렇게 말했다.

"기업가 정신이란 어떤 사고방식을 갖고 있느냐의 문제입니다. 그것은 회사의 규모에 상관없이 추구해야 하는 것입니다."[79]

기업의 고위 간부로 변신한 수후 같은 창업자들은 팀 구성과 아이디어 개발, 고객 관점 같은 기업가의 핵심

역량들이 오늘날 기존 기업의 모든 리더들에게도 꼭 필
요한 능력이라는 것을 잘 알고 있다.

유리한 점

기업가적 리더들이 실패 후 회복이나 재창조 같은 스타트업의
중요한 경험을 통해 터득한 자신의 비전을 널리 펼치는
능력을 보여줄 때, 기존 기업의 임원 후보 리스트에 오르게 될
것이다.

불리한 점

모든 창업자들이 전통적인 기업의 임원으로 적합한 것은
아니다. 창업자들이 기존 기업의 임원에 관심이 있다면,
자신들이 그 기업의 문화에 적응할 수 있고 정치적
역학관계를 잘 관리해서 맡은 임무를 제대로 소화할 수
있다는 것을 증명해야 한다.

3. 자신만의 모험을 선택하라

임원 자리는 잘 나오지 않고 경쟁도 치열하지만, 자신을 후보 리스트에 올릴 수 있는 가장 좋은 방법 중 하나는 자신에게 그런 일이 일어나도록 주도적으로 행동하는 것이다.

1) 새 역할의 창출

필자는 자신들의 전문 분야가 갑자기 해당 기업에 꼭 필요한 상황이 되면서 빠른 속도로 기업의 임원으로 격상된 사람들을 코칭한 적이 있다. 보안 전문가들은 기업의 보안 담당 최고책임자가 되었고, 심지어 어느 디지털 마케팅 전문가는 기업의 CEO로 영입되기도 했다. 어느 면에서 이 사람들은 적절한 시기에 올바른 장소에 있었던 것이다.

그들은 이른바 잘 나가는 전문 분야에서 뛰어난 장

기근속 간부였다. 그들은 항상 기대 이상으로 일했다. 그들은 주도적으로 새로운 분야에 노력을 기울였고 최고의 전문가로 이름을 날렸다. 그들은 핵심 프로젝트를 앞장서서 이끌었고 그들이 갖고 있는 전문 기술이 필요할 때마다 경영진과 교류하며 손발을 맞췄다.

베스 컴스톡은 어떤 자리를 둘러싼 상황이나 환경이 다소 막연하더라도 그것을 기꺼이 받아들이고 오히려 그 범위를 확장함으로써 자신만의 길을 창출하라고 제안한다. 맡은 업무에서 중요한 전략적 필요성을 찾아 채우고 그것을 승진을 위한 수단으로 삼으라는 것이다. 인사 업무를 예로 들어보자. 사실 인사 업무는 일반적으로 임원이 맡는 일이 아니었다. 그런데 인사 업무를 맡은 간부들이 자신들의 전략적 가치를 증명했고, 오늘날 인사 업무는 엄연한 임원 보직의 하나가 되었다.

> **유리한 점**
> 당신의 전문 분야(보안, 데이터, 혁신)가 CEO의 중심
> 과제이며 조직의 성공을 위한 핵심 수단이 될 수 있음을
> 보여줄 수 있다면, 당신은 자신의 역할을 고위 경영진에
> 올려놓을 수 있는 최고의 기회를 갖게 될 것이다.
>
> **불리한 점**
> 임원직은 생겼다가도 없어진다. 그 자리가 경영진에서 가치
> 있는 것으로 간주되기 위해서는 변화하는 추세를 견딜 수
> 있을 만큼 당신의 전문 분야를 넓혀야 한다.

2) 이보 전진을 위한 일보 후퇴

정상으로 가는 길을 닦기 위한 또 다른 주도적인(그리고
용감한) 방법은, 훗날 더 큰 자리로 돌아오게 해 줄 수 있
는 중요한 경험을 얻기 위해서라면 수평 이동이나 심지
어 더 낮은 자리라도 기꺼이 맡는 것이다.

필자가 아는 한 인사 담당 리더는 CEO가 되기를 열
망한다. 그는 '현재의 위치에서 그곳까지 갈 수 없다'는

것을 알고 있지만, 그런 상황을 해결할 계획을 가지고 있다. 우선 그는 사업부나 영업부를 직접 운영해 볼 수 있는 새로운 보직을 적극적으로 찾고 있다. 그런 다음에는 국제적인 임무에 자원해 경험을 쌓을 계획이다. 그는 자신의 경험 부족을 잘 알고 있으며, 리더로서 경험을 충분히 쌓을 때까지 더 낮은 자리나 역할까지도 감수할 생각이다.

유리한 점

전략적이 되어라. 전문적으로 성장하고 조직에 가치를 더하는 데 도움이 되는 자리를 찾으려면 일보 후퇴하더라도 더 낮은 자리로 가는 것이 더 효과적이다.

불리한 점

당신의 경력이 성장해 온 과정을 생각해 보라. 여러 자리를 거치는 것은 시간이 많이 걸리고, 게다가 적당한 역할을 찾기 위해서는 인내심이 필요하다. 일단 아래로 내려갔다가 다시 위로 올라가 목표에 도달할 수 있는 충분한 시간이 있을까?

4. 복합 경로

임원으로 가는 복합 경로는 앞서 살펴본 네 가지 핵심 경로와 공통점이 있다. 어쩌면 네 가지 길만으로는 충분하지 않을 수도 있다. 사실 임원에 도달하기 위해서는 한 가지 길 이상의 시도를 해야 할 수도 있다. 메리 바라는 초고속 승진 리더였을 뿐만 아니라 장기근속 간부이기도 했다. 셀마는 프리 에이전트의 길을 걸었지만 나중에는 초고속 승진 리더가 되었다. 테리 마이어슨은 창업자였다가 장기근속 간부로 변신했다.

경로를 전환하는 것은 흔히 있을 수 있는 일이다. 그것은 당신이 끈기와 전략적 사고방식을 가진 사람임을 보여준다. 변화를 견뎌내고 포용하는 능력은 이 책의 모든 장에서 진로의 궤도를 가속화하는 데 도움이 되는 핵심 역량으로 설명되고 있다.

언제 경로를 변경해야 하는지 어떻게 알 수 있을까? 어떤 간부들은 현재 그들이 걷고 있는 길이 자신이 원하는 곳으로 이끌지 못한다고 생각하고 길을 바꾼다. 장기근속 간부의 길에서 임원의 자리가 보이지 않으면 아마도 당신은 프리 에이전트가 되어야 할지도 모른다.

보다 빠른 승진의 기회를 찾아 길을 바꾸는 간부들도 있다. 타이거는 GE에서 장기근속 간부의 길을 걸었고, 그것은 그가 직장 생활을 하는 동안 계속 유지되기를 기대했던 길이었다. 하지만 그가 분사시킨 회사 젠팩트에서 리더가 될 기회는 그냥 지나치기에는 너무 좋은 기회였다. 제이 갈리오타도 같은 이유로 머크를 떠나 G&W 연구소에 합류했다. 그것은 훌륭한 시작이었다.

만약 하나의 길이 임원으로의 꿈에 도달하기에 충분하지 않다면, 두 번째 또는 세 번째 길을 시도할 수 있다. 정상에 오르기 위해 필요한 모든 다양한 경험들은 어떤 경로에서든 얻을 수 있다. 단, 길을 바꾼다 하더라도 처음부터 다시 시작하는 것이 아니라는 사실을 명심해야 한다. 당신의 경험과 사고방식, 팔로워십은 언제나 당신을 따라올 것이다. 과연 타이거나 갈리오타는 언젠가 과거에 다녔던 회사의 임원 자리로 돌아갈 수 있을까? 그럴지도 모른다. 필자는 계속 주시할 것이다.

제7장

마침내
경영진으로

당신이 어떤 길을 걸었든 마침내 봉우리가 가까워지면 지형이 변한다. 어쩌면 당신은 지금 임원 제안을 놓고 고민하고 있거나 사내의 임원 후보 리스트에 올라 있을지도 모른다. 그렇다면 지금이야말로 본격적으로 당신의 회복력과 그동안 터득한 역량들을 보여줄 기회다. 중요한 것은 압박감이 최고조에 이를 때 당신의 능력을 고조시키는 것이다. CEO와 이사회는 당신이 최고 수준의 성과를 낼 수 있는지 보고 싶어 하기 때문이다.

당신의 목표를 달성하는 데 도움을 줄 수 있는 것은 무엇일까? 이제 그 프로세스를 완전히 이해하고 이를 수행할 만반의 준비를 갖추도록 노력하자.

1. 프로세스

임원 채용은 대개 몇 달이 걸리는데, 때로는 몇 년이 걸리는 경우도 있다. 그렇게 오래 걸리는 데에는 여러 가지 원인이 있다. 승계 과정이 얼마나 복잡한지에 따라 그 기간이 더 오래 걸리기도 한다. 퇴임하는 지도자는 '예정된 일정대로' 떠나는 경우인가, 아니면 예상치 못한 이별인 경우인가? 그렇든 그렇지 않든 임원이 되기 위해 당신이 통과해야 할 준비 단계가 있다.

1) 경영진 평가

모든 CEO 후계자나 기타 경영진급 임원(CFO, COO, CHRO 등)을 채용할 때에는 공식적으로 경영진 평가를 활용한다. 인사부나 컨설팅 회사/헤드헌팅 회사(또는 둘 다)가 주관하는 경영진 평가는 회사가 필요로 하는 리더십 스타일에 대한 통찰력을 깊이 있게 전달할 수 있도록 설계되어 있다. 이 평가는 또 임원 후보자들이 성장하고 노력해 온 구체적인 상황들도 면밀히 밝혀낸다.

스펜서 스튜어트의 짐 시트린은 필자에게 "잘 설계된 경영진 평가는 단순히 후보자의 과거 성과만을 평가하는 것이 아니라, 그 후보자의 미래와 잠재력을 예측하는 데 도움이 된다"고 말했다.[80] 그 일환으로 경영진 평가에서는 평판, 리더십 능력, 압박에 따른 반응 그리고 인터뷰나 전통적인 평가 방식만으로는 판단하기 어려운 기타 여러 무형적 자질들을 평가한다.

구체적인 내용은 다르지만 시스코도 지난 2015년 엄격한 승계 절차를 통해 척 로빈스를 CEO로 결정하는 과정에서 2단계 평가를 사용했다. 1단계는 스펜서 스튜어트가 만든 정량적 평가였는데, 이 평가는 업계 동료들과 비교해 후보자의 사업 및 실무적 능력을 평가하기 위해 고안된 것이었다. 2단계 평가는 정성적 평가였다. 회사 내부의 경영진들이 직접 수행한 이 평가는 동료, 상사, 부하 직원들과의 다양한 심층 인터뷰에 기반한 리더십 능력에 초점을 맞추었다. 이 두 단계의 평가는 내부의 질적 평가와 외부 후보자들에 대한 벤치마킹 데이터들을 취합해 후보자 개개인의 능력, 사고방식, 팔로워십 등에 대한 객관적 지표를 제공해 주었다.

경영진 평가는 또 후보자의 부족한 점도 밝혀낸다. 예를 들어 후보자가 부하 직원들과 잘 연결되어 있지 못하거나 의사소통 능력에서 좋은 평가를 받지 못한다면 평가는 경고를 보낸다. 경영진 평가는 또 포트폴리오의 관점에서 현재 경영진의 구성을 고려한다. 현재의 경영진이 특정 기술이나 전략 능력에서 취약점을 가지고 있다면 새로운 임원 자리를 채우는 과정에서 그런 점들이 평가 과정에 반영될 것이다.

당신이 이와 같은 평가 프로세스에 실제적으로나 정서적으로 준비가 되어 있다고 생각하더라도 그것은 당신이 주도할 수 있는 시스템이 아니다. 필자는 해당 간부들에게 자신감을 갖고, 평가를 진지하게 받아들이며, 최선의 모습을 보이도록 노력하고, 자신을 정확하게 표현하라고 코칭한다(연습이 필요하다고? 다음의 모의 평가 질문을 참조하라).

───── 모의 평가 질문 ─────

1. 나는 언제 최상의 결과를 내는가?

 a. 전문가 팀을 이끌고 있을 때

 b. 나 혼자 일할 때 (나는 대중의 생각에
    영향을 받지 않는다.)

 c. 내가 각각의 능력자들로 구성된
    다양한 팀의 일원일 때

팀제 운영은 오늘날 대부분의 조직에서 거의 필수적이다. 당신의 직위가
고위 경영진이라 해도 조직은 팀 리더와 구성원으로서 당신의 능력이
어떠한지를 평가하려고 할 것이다.

2. 나의 최고 자질 중 하나는 무엇인가?

 a. 감성 지능

 b. 전적으로 결과에만 집중한다

 c. 고객 관계

이 질문의 답 중에 '틀린' 답은 없다. 이 질문의 목표는 당신이 누구인지,
조직 내에서 어떻게 어울릴 것인지에 대한 명확한 인식을 얻는 것이다.

3. 회의에서 당신의 동료가 부하 직원을 공개적으로 질책하는 경우, 당신은 어떻게 하는가?

a. 나서서 부하 직원을 옹호한다.

b. 상황을 진정시킬 방법을 찾고 나중에 리더와 대면한다.

c. 회의가 끝난 후 인사부와 상의한다.

어떤 답도 옳지 않다고 생각되면, 솔직하게 상식에 따라 판단하라.

4. 기업 지배 구조와 청렴에 대하여 어떻게 생각하고 있는가?

a. 내 업무와 상관없는 일이다.

b. 모든 임직원이 유지할 책임이 있다고 생각한다.

c. 이사회가 감독해야 할 문제다.

청렴하고 정직한 사업 관행에 관한 문제가 제기되면, 책임을 지겠다는 당신의 열성을 더 적극적으로 보여주어야 한다.

5. 휴가 또는 유급 휴가(PTO)에 대하여 어떻게 생각하고 있는가?

a. 시간이 날 때 나 자신에게 주는 특전이다.

b. 모든 직원의 건강과 복지에 중요하다.

c. 의무적으로 사용해서 다른 직원에게 모범을 보인다.

이 주제에 관한 질문과 대답은 조직의 문화와 규범을 염두에 두고 고려되어야 한다. 그러나 일과 삶의 균형을 추구하고 여가의 취미를 즐기는 것은 간부들의 에너지 소진을 막기 위한 수단으로서 긍정적으로 간주되고 있는 추세다.

6. 본인이 실패한 경우 어떻게 하는가?

a. 충격에서 헤어나지 못하고 본인이 모든 책임을 져야 한다고 생각한다.

b. 이 실패 경험으로부터 무엇을 배울 수 있는지 판단하고 다음 도전을 향해 전진한다.

c. 자신하는 것은 아니지만, 나는 거의 실패하지 않는다.

모든 노련한 간부들은 실패의 경험에 대해 말할 수 있어야 한다. 게다가 그것은 당신이 회복력이 뛰어나다는 표시이기도 하다.

7. 다양성에 대하여 어떤 생각을 갖고 있는가?

a. 모든 인종의 사람들을 고용하는 것이다.

b. 다른 관점, 경험, 배경 및 생활 방식을 존중하는 것이다.

c. 회사가 다양한 계층의 의뢰인과 고객의 욕구를 보다 잘 충족하는 것이다.

이런 질문은 복합적인 비즈니스 문제에 대한 당신의 미묘한 이해 감각을 테스트하려는 질문이다. 답 a도 기술적으로 틀린 것은 아니지만, 당신이 이 답을 선택한다면 이 주제에 대한 당신의 이해가 일차원적인 수준에 그친다는 신호가 될 수 있다.

8. 자유 시간에 내가 하고 싶은 것은 무엇인가?

a. 하이킹을 가거나 야외에서 시간을 보내고 싶다.

b. 지역 비영리 단체에서 자원봉사를 한다.

c. 가족과 함께 시간을 보내라.

d. 기타

2번 문제처럼 틀린 답은 없다. 그러나 여러분의 답을 통해서 회사는 당신이 누구인지, 당신이 조직 문화 안에서 어떻게 조화를 이룰 것인지에 대해 정확히 파악할 수 있을 것이다.

후보자들의 심층적 성격을 고려할 때, 모든 사람이 평가 프로세스를 완전히 무탈하게 통과하는 것은 아니다. 부족한 부분이 집중 조명을 받을 때 이런 평가는 고통스러울 수 있다. 그러나 당신이 더 크고 더 멋진 자리에 대해 준비가 되어 있다면, 그 길은 바로 여기에 있다. 만약 그렇지 않다면 평가 결과를 신중하게 숙고하면서 다음 기회를 대비해야 할 것이다.

경영진 평가의 또 다른 장점이 있다고? 영민한 후보자라면 회사가 자신에 대해 알게 되는 만큼 자신도 회사에 대해(회사의 가치와 그들이 어떤 사람을 찾고 있는지) 많은 것을 간파할 수 있을 것이다.

2) 인터뷰

당신은 거의 틀림없이 일대일, 또는 심사위원회 앞에서 여러 차례의 인터뷰를 하게 될 것이다. 따라서 이런 인터뷰 설정이 의도하는 바를 알면 큰 도움이 될 것이다.

임원 후보자로서 당신이 접하게 될 인터뷰 장소는 일반적으로 점심 식사나 커피를 같이 하는 자리가 될 것이다. 이와 같이 격식을 차리지 않는 이벤트가 대수롭지 않게 보일 수 있지만, 그 중요성을 과소평가해서는 안 된다. 회사는 이런 자리를 통해 당신이 갖고 있는 경험뿐만 아니라 당신의 사교 능력과 경영자로서의 지성을 평가하고 당신이 기존의 경영진에 어떤 성향을 더해 줄지 고려할 것이다. 그리고 상식적 규칙은 여기서도 적용된다. 면접관들에게서 힌트를 얻는 경우도 있기 때문이다. 그러나 그들과 한바탕 토론을 하고 싶은 생각이 들더라도 그들이 이끄는 대로 따르는 것이 좋다.

식사나 커피를 곁들이며 하는 이런 초기 단계의 대화는 그 기회가 당신에게 적합한지 판단하는 데에도 도움이 된다. 이런 자리를 갖기 전에 스스로 예상 질문을 하고 답을 준비해놓는 것이 좋다. 회사는 이익을 내고 있는가? 현재 그 자리에 근무하고 있는 사람이 있는가, 혹은 곧 떠날 예정인가? 그 외에도, 면접관에게 조직의 문화와 전략, 그리고 그 자리를 새로 충원하면서 바라는 것이 무엇인지 등을 물어볼 수 있다.

임원 인터뷰에서 고려해야 할 다음 포맷은 회사의 간부들, 동료 임원들, 또는 채용 관련자들과의 공식적인 토론이다. 이런 토론 자리는 소그룹으로 하거나 일대일로 진행될 수 있다. 이 자리에서는 자신의 스토리를 충분히 소개하고 성공과 실패 사례를 자세히 설명할 준비를 하자. 면접관은 당신의 자질에서부터 당신의 리더십 가치에 이르기까지 모든 것을 살펴볼 것이며 당신이 의사소통자로서 얼마나 재능이 있는지도 예의 주시할 것이다. 여하튼 필자가 해 줄 수 있는 최선의 조언은, 충분히 준비를 하고 당신이 만나는 사람이 누구인지 알아 두라는 것이다. 토론하는 동안, 공통의 관심사에서 떠나지 말고 그 부분에 집중하는 방법을 찾아라. 다른 한편으로는 아이디어와 성취 목표, 전달하려는 구체적인 비전에 이르기까지 자신을 경쟁자들과 차별화시킬 준비가 되어 있어야 한다.

다음은 이사회 위원들과의 면접이다. 모든 회사에서 이사회와의 면접을 진행하지는 않지만, 공기업 CEO나 기타 중요한 자리의 채용 과정에서는 반드시 이사회 위원들을 만나게 될 것이다. 예를 들어 시스코에서 존 챔버스의 후임자를 물색할 때, 시스코의 모든 이사진(챔버스 본인을 제외하고)이 사내의 각 후보들을 개별적으로 인터뷰했다. 이 경우, 물론 회사에서 이사회에 일련의 안내 질문집을 제공했지만, 각 이사회 위원들은 자신의 전문 지식을 동원해 자체 질문을 개발하기도 했다. 이사회와의 인터뷰는 이사회 위원들이 각 후보들과 친분을 쌓고 그들의 개인적인 능력과 리더십 스타일, 미래의 잠재력을 가늠하는 자리다. 여기에서 이사진들이 사내 인사가 아닌 외부 인사라는 점을 유념해야 한다. 그들은 당신이 조직에 얼마나 적합한지 평가할 뿐 아니라 회사가 종사하는 산업에 대해 당신이 어떤 생각을 가지고 있는지에 대해서도 관심을 가질 것이다.

지금까지 언급한 연속적인 인터뷰의 모든 단계에서

당신은 자신을 강력한 후보자로서 각인시킬 수 있는 질문을 해야 한다. 시간과 접근 가능한 정보를 최대한 활용해 해당 업무, 회사의 경영진, 조직 내 적합성 여부를 가능한 한 많이 알아 두자.

모의 인터뷰 질문

1. **당신이 지원하는 회사와 업무에 대해 알고 있는 것을 말해 보시오.**

   의미: 당신이 회사에 대한 조사를 충분히 했는가? 회사에 대해 정확히 이해하고 있는가?

2. **당신에게 가장 중요한 직업의 가치는 무엇인가?**

   의미: 당신의 가치와 회사의 가치가 잘 어울리는가?

3. **회사에서 당신이 따르는 롤 모델이나 멘토는 누구인가?**

   의미: 당신은 리더십에 대해 열심히 배우고 있으며, 사업의 폭넓은 맥락을 파악하고 있는가?

4. 당신의 리더십 스타일은 어떠한가?

의미: 사람을 어떻게 대하고 권한은 어떻게 관리하는가?

5. 당신의 직장 경험에서 가장 자랑스러워하는 것은 무엇인가?

의미: 당신이 생각하는 성공은 무엇이며 어디에 가장 큰 가치를 두는가?

6. 부족한 부분 또는 당신의 취약점은 무엇인가? 그런 점들을 어떻게 보완할 것인가?

이 질문을 회피하거나 곧이곧대로 대답하거나 거짓으로 대답하는 함정에 빠지지 마라. 당신이 자기성찰을 하며 정직하고 자기를 인식하는 사람이라는 것을 증명하라.

7. 실패한 경험을 말해 보시오. 무슨 일이 있어났고 당신은 어떻게 대응했는가?

의미: 당신은 회복력을 가지고 있는가? 피할 수 없는 실패에는 어떻게 접근하는가?

8. 당신이 리더로서 어떤 사람인지 보여주는 이야기가 있으면 말해 보시오.

의미: 당신은 의사소통을 잘 하는가? 면접관에게 해 줄 특별한 이야기가 있는가?

9. 당신이 알고 있는 것에 입각해 볼 때, 회사는 어떻게 하면 더 발전할 수 있을까?

의미: 당신은 이 회사에 어떤 생각을 가지고 있으며, 전략적인 계획을 갖고 있는가?

10. 이 자리를 당신이 원하는 이유는?

의미: 당신은 진지한 자세로 이 자리에 지원했는가?

11. 회사에 대해 하고 싶은 질문은?

의미: 당신은 회사에 대해 얼마나 알고 싶어 하는가?

3) 당신의 패기를 테스트하는 시나리오

기업들은 내부 임원 후보자들을 테스트하기 위해 그들에게 여러 가지 어려운 승계 업무를 돌아가며 맡게 하고 그들이 어떻게 대응하는지 살펴본다. 지난 2015년 시스코에서 승계 계획이 진행될 때, 회사는 내부 후보자들에게 점점 더 큰 임무를 주면서 세부적인 개발 계획을 구상했다. 어떤 간부가 CEO의 물망에 오를 수 있다는 확신이 서면, 회사는 그들에게 코칭을 제공하고 더 큰 범위와 책임을 부여했으며, 이사회와 외부 투자자들에게 그를 알리고 세계무대에서 자신을 드러낼 발언 기회를 제공했다.

만약 당신이 장기근속 간부이거나 잠재적 초고속 승진 리더라면, 이러한 실시간 테스트를 통과할 준비를 해야 한다. 프리 에이전트 같은 외부 영입 후보라면 이런 기회를 갖지 못하겠지만, 그런 상황을 충분히 다룰 수 있고 내부 후보들을 능가하거나 최소한 부족하지 않다고 주장할 책임은 여전히 본인들에게 있다. 당신이 어떤 길을 걷든, 당신의 경험을 쌓고 당신의 영역을 확장하고 복잡한 임무도 탁월하게 처리할 수 있음을 보여주기 위한 이런 유형의 기회를 기꺼이 요청하자.

2. 최후의 승부를 위한 체크리스트

이 책 전반에 걸쳐 강조한 기술, 사고방식, 팔로워십 같은 자산은 승계 과정에서 당신이 임원 후보자로서 두각을 나타내는 데 도움이 될 것이다.

그러나 마지막으로, CEO, 이사회, 임원 채용 관계자들이 경영진을 채용하기 위한 최종 선택을 할 때 우선적으로 고려하는 능력이 무엇인지 다시 한 번 살펴보고자 한다. 이 점을 명심하면 당신이 다른 후보자들보다 더 인상적이고 낫게 보이게 하는 데 도움이 될 것이다.

1) 경영진으로서의 기질을 보여라

당신이 임원 후보자 명단에 오르려면 당신이 임원 기질이 있음을 나타내는 과감한 행동과 장악력을 보여줄 필요가 있다. 그러나 당신이 일단 그 목록에 오른 유력한 후보자라면 당신이 자존심을 억제할 수 있음을 보여주는 것도 그 못지않게 중요하다.

댄 시암파는 "권한을 행사할 때를 아는 것도 리더로서 수행해야 할 중요한 부분이지만, 그것은 많은 측면 중하나에 불과하다. 실제로 권력욕이 너무 높은 리더들은 탈락된다"고 지적했다.[81]

설득과 영향력과 같은 협력적 능력이 리더들에게 중요한 역량으로 여겨지고 있으며, 오만이나 권력 행사는 경영진으로 가는 과정에서 가장 흔히 나타나는 탈락 요인들이다.

2) 변화와 재창조에 집중하라

변화와 재창조에 집중하는 것은 임원으로 가는 네 가지 길에서 공통적으로 강조되는 주제였으며, 실제로 특정 임원 자리에 대한 인터뷰를 할 때에도 결정적인 주제가 될 것이다. 임원 후보자로서 당신은 한편으로는 현재의 기업 문화를 중시한다는 것을 보여줘야 하고, 다른 한편으로는 변화와 성장, 변혁을 추진할 수 있다는 비전도 보여주어야 한다. 당신은 또 평생 배우는 것을 좋아한다는 것도 보여주어야 하고 더 이상 필요 없는 것들은 과감하게 잊을 수 있다는 것도 보여주어야 한다.

3) 의사소통을 위한 요령을 터득하라

당신의 진정성을 전달할 수 있어야 하고 조직의 가치와 비전을 설득력 있게 소통할 수 있어야 한다.

4) 회복력의 모범을 보여라

회복력의 모범을 보이는 것은 임원이 되기 위한 필수 요건이다. 당신이 어떻게 실패와 역경을 긍정적인 것으

로 변화시켰는지를 보여주는 이야기를 나눌 수 있어야
한다.

5) 아이디어와 실행에 있어 전략적임을 보여라

당신은 이제 실무적 전문가에서 글로벌 감각을 갖춘 전
략가로 변신할 수 있다는 것을 보여주어야 한다.

와튼스쿨의 마이클 유심[Michael Useem] 교수는 그것을
이렇게 표현했다.

"간부들은 자신이 성장해 감에 따라 부서 전체, 사업
본부 전체, 나아가 회사 전체에 대해 총체적으로 생각할
수 있어야 합니다."

그는 그렇게 행하는 것이 말처럼 쉽지 않다는 것을
인정한다.

"마케팅 최고책임자든 무엇이든 당신의 직위에 임원
을 상징하는 C자가 붙으면, 그때부터 당신은 확실하게

큰 그림을 가지고 있어야 하며, 기업에 대해 전략적으로
생각할 수 있어야 합니다."[82]

이것은 '전략적 선견지명'[83]을 가지고 아이디어를 회
사와 경영진에 영향을 미치는 행동으로 전환할 수 있어
야 한다는 것을 의미한다.

6) 감성 지능을 표현하라

감정 지능은 예전부터 중요한 리더십 특성이었지만, 새
로운 방식으로 일하면서 직장에서 더 많은 의미를 찾기
를 원하는 신세대들이 회사에 들어옴에 따라 그 중요성
이 더 높아졌다.

7) 팀 빌딩 능력을 숙달하라

외톨이들은 거의 임원이 되지 못한다. 계층 구조가 허물어지고 조직 구조가 수평화되어 그물망처럼 짜이면서, 경영진 후보들은 오직 자신의 신념에 따라 행동하는 것보다는 여러 관점을 통합할 수 있는 능력을 갖추었느냐에 따라 평가된다. 따라서 당신이 경영진의 위치에 임박했다고 생각된다면 임원으로서 당신을 더 강력하게 만들기 위해 무엇을 가져올 수 있는지 분명하게 표현할 수 있어야 한다.

8) 서번트 리더십을 이해하라

위에 언급한 생각(팀워크, 기질, 의사소통, 감성지능 등) 중 몇 가지는 결국 로버트 K그린리프Robert K. Greenleaf가 1970년에 주장한 '서번트 리더십Servant Leadership'에 해당되는 개념이다.[84] 그는 리더십의 개념을 직원과 사회에

봉사하는 수단으로 설명했다. 비록 고전적인 개념이긴 하지만, 오늘날 승계를 논할 때 가장 많이 거론되는 질문이다. 후보자는 서번트 리더인가? 당신은 서번트 리더십의 개념과 아울러, 다른 사람의 요구를 충족시키는 방식으로 리더십을 발휘하는 방법을 알아야 한다. 이는 리더십 상황의 일부에 불과하지만, 여전히 최고의 임원들이 보여준 중요한 이상적 리더십이다.

네 가지 경로, 마지막 하나의 질문

필자는 서문에서 몇 년 전에 시스코에서 코칭해 주었던 고위 간부에 대해 언급했었다. 당시 그는 임원으로 가는 빠른 길을 찾기 위한 진로를 고민하고 있었다. 그 이후 필자는 그가 임원으로 가는 자신의 길을 제대로 찾았는지 알아보기 위해 그의 근황을 확인해 보았다. 그는 자신의 길을 찾았지만 그가 처음에 예상했던 길은 아니었다.

몇 년 동안 그는 장기근속 간부로서 빠르게 승진했다. 그는 글로벌 업무를 받아들였고 경험을 넓히며 포트폴리오를 계속 확장했다. 그러다 경력의 변곡점을 맞이하면서 그는 자신을 재창조하기로 결심했다. 이후 그는 전통적인 기업을 떠나 기부금을 운영하는 비영리단체에 들어갔다. 그는 지금 자신이 직장 생활을 통해 이룬 모든 것들이 현재 있는 자리로 이끌었다고 생각하고 있기 때문에 더 이상 바랄 수 없을 만큼 행복하다고 말했다.

그는 언젠가 그 비영리단체 혹은 다른 비영리단체의 수장이 될 수 있을까? 물론 그럴 수도 있고 아닐 수도 있다. 그러나 방향을 바꾸기로 한 그의 결정은 임원 체크리스트의 마지막 질문으로 이어진다. 이 길이 과연 나에게 맞는 계획이었을까?

필자가 인터뷰한 간부들은 한결같이 이렇게 말했다. 경영진이 되어 보니 정말 신나고 보람도 있지만 예상했던 것보다 훨씬 더 복잡하고 어렵더라는 것이다. 당신이 경쟁을 뚫고 경영진에 오르기 위해서는 반드시 후원자가 필요하다고 앞서 몇 차례 언급했다. 하지만 그것만으로는 부족하다. 개인적인 지지자도 그 못지않게 중요하다. CEO나 다른 임원들과 업무적인 토론을 하다 보면 배우자나 개인적인 지지자에 대해 종종 언급하는 것을 볼 수 있다.

왜 그럴까? 경영진의 자리에 있는 스트레스가 그만큼 크고 힘들기 때문이다.

많은 CEO들이 임원 자리를 수락하는 것은 가족이 결정해야 할 사안이라고 말하는 것만 봐도 알 수 있다. 당신은 그만큼 필요한 지지를 받고 있다고 생각하는가? 그렇다면 당신은 스스로 임원 자리를 원하고 있다고 봐도 좋을 것이다. 계속 나아가라. 당신은 경영진으로 일하면서 받는 스트레스와 긴장, 짜릿함을 충분히 견딜 준비가 된 사람이다. 당신은 언젠가 그 자리로 올라갈 수준에 이르렀음을 알게 될 것이다. 당신이 어떻게 그곳에 도달했든, 거기까지 가는 과정에서 배운 모든 것을 통해 당신이 리더로서 오랫동안 임무를 완수하고 충분한 보람을 거둘 수 있기를 바라 마지않는다.

도움을 준 기업 임원과
전문 자문가들

피터 카펠리

와튼스쿨의 조지 W. 테일러George W. Taylor 경영학 교수이자 와튼 인재연구소 소장Wharton's Center for Human Resources이며, ≪왜 좋은 사람들이 일자리를 구할 수 없을까Why Good People Can't Get Jobs≫ 등 여러 책을 저술했다.

에이미 창

어컴퍼니의 CEO이자 설립자로, 구글에서 글로벌 제품 책임자를 지냈고 광고 분석 및 보고 업무를 수행했다.

댄 시암파

CEO 등 고위 리더십 분야의 세계 최고 권위자 중 한 명이며, ≪최고 경영자의 갈등: 새 리더의 성공을 위해 회사는 어떻게 해야 할까Transitions at the Top: What Organizations Must Do to Make Sure New Leaders Succeed and Right from the Start≫와 ≪새로운 리더십의 책임Taking Charge in a New Leadership Role≫(마이클 왓킨스와 공저) 등 5권의 책을 펴냈다.

짐 시트린

스펜서 스튜어트의 CEO 훈련과정의 리더이자 세계 최고의 임원 컨설턴트 중 한 명이다. 그리고 ≪직장생활 교본: 야망 있는 젊은 직장인들을 위한 금언The Career Playbook: Essential Advice for Today's Aspiring Young Professional≫ 등 6권의 책을 썼다.

케네스 콜먼

실리콘밸리의 고참 격인 사마 테크놀로지스Saama Technologies의 회장이며 벤처캐피털 회사 앤드리슨 호로위츠의 특별 고문이다.

베스 컴스톡

GE에서 부회장까지 오른 최초의 여성으로, 새로운 성장 동력 발굴, 새로운 시장과 서비스 모델 개발, 브랜드 가치 추구, GE의 창의적인 문화 고취에 기여한 인물이다.

에디스 쿠퍼

골드만삭스의 상무로 글로벌 인력 채용, 개발, 승진 및 복리후생을 담당하는 글로벌 인적자본 관리 책임자를 역임했다.

커트니 델라 카바Courtney della Cava

글로벌 경영 컨설팅 회사 베인앤컴퍼니Bain & Company의 상무이자 베인 이그제큐티브 네트워크Bain Executive Network의 글로벌 리더다.

에일린 P. 드레이크

에어로젯 로켓다인 홀딩스의 CEO 겸 대표이사다.

패트리샤 필리-크루셀

NBC 유니버설 뉴스그룹 회장, 타임워너의 관리담당 부사장, WebMD의 CEO, ABC 텔레비전 네트워크 사장, ABC 데이타임 사장을 역임한 미디어 산업의 베테랑 임원이다.

제이 갈리오타

G&W 연구소 대표이사 겸 COO는 머크에서 전략 최고 책임자 및 사업 개발 책임자, 신사업 부문 대표 등을 거쳤다.

테일러 M. 그리핀 Taylor M. Griffin

더마일즈 그룹The Miles Group의 COO다.

보리스 그로이스버그

하버드 경영대학원의 조직행동학과 경영학 교수로, ≪스타 해부: 재능의 신화와 능력 이식Chasing Stars: The Myth of Talent and the Portability of Performance≫의 저자다.

실비아 앤 휴렛

휴렛 컨설팅 파트너스Hewlett Consulting Partners, LLC의 설립자이자 ≪(멘토 대신) 후원자를 찾아라: 직장에서 빨리 승진하는 새로운 방법≫의 저자다.

켈리 크레이머

시스코의 부사장 겸 CFO다. GE 헬스케어의 헬스케어 시스템 사업부의 CFO를 지냈다.

에릭 라슨

더 좋고 더 빠른 비즈니스 의사 결정을 위한 클라우드 앱인 클로버팝의 설립자이자 CEO이며, 기업가적 리더십과 행동 과학의 비즈니스 영향에 대한 책을 쓰기도 했다.

수전 마셜

토치라이트의 설립자이자 CEO로, 디지털 비디오, 오디오, 모바일, 소셜 및 데이터 관리 기술의 급속한 발전에 깊이 관여해 온 20년 이상의 기술 분야의 베테랑이다.

요키 마쓰오카

네스트의 기술 최고책임자로, 모국 일본에서는 한때 준準 프로 테니스 선수였다. '천재들의 상'이라 불리는 맥아더 펠로우MacArthur Fellow 상을 받았다.

테리 마이어슨

마이크로소프트에서 윈도우 및 기기 그룹 부사장을 지냈다. 그는 마이크로소프트 환경 하에서의 소프트웨어 플랫폼과 기기, 게임 및 클라우드 솔루션 등을 총괄했다.

메리 페트로비치

칼라일그룹의 상임위원이며 액슬테크의 CEO다.

조셉 라이언 Joseph Ryan

트루노스 어드바이저리 그룹True North Advisory Group의 대표 이사 겸 설립자로 와튼의 간부 교육 프로그램을 맡고 있다.

던컨 시메스터 Duncan Simester

MIT 슬론 경영대학원 교수로, NTU 마케팅 의장NTU Chair in Marketing을 맡아 마케팅 그룹을 이끌고 있다.

데이비드 시몬스

PPD의 회장 겸 CEO다. 글로벌 제약회사 파이자의 신흥 시장 및 기존 제품 사업부의 대표이사 전무를 역임했다.

앤서니 수후

홈 전자상거래 부문 수석 부사장 겸 그룹 총괄 전무다. 온라인 가구점 닷앤보Dot & Bo의 공동창업자 겸 CEO였다.

NV '타이거' 티야가라잔

젠팩트의 대표이사 겸 CEO다.

마이클 우심

펜실베이니아 대학교 와튼스쿨의 경영학 교수이자 리더십 및 변화관리센터 소장이다. 저서로는 ≪행동하는

리더의 체크리스트: 15개 원칙The Leader's Checklist: 15 Mission-Critical Principles≫ 등이 있다.

웬델 P. 웍스

코닝의 회장 겸 CEO다.

패트릭 라이트 Patrick Wright

토마스 C. 반디버 바이센테니얼Thomas C. Vandiver Bicentennial의 회장이자 사우스캐롤라이나 대학교 달라무어 경영대학원Darla Moore Business School of Business의 임원 승계 연구센터 Center for Executive Succession 설립자 겸 교수단장이다.

크리스토퍼 우

페이퍼컬처의 설립자이자 CEO다.

감사의 말

이 책은 재능 있는 조언자와 멘토, 동료 그리고 친구 등 많은 이들의 도움이 없었다면 쓸 수 없었을 것이다.

필자가 작가가 되겠다고 생각한 것은, 가장 영향력 있는 경영이론 개념인 균형성과기록표Balanced Score card의 창시자인 밥 캐플란과 데이브 노튼 밑에서 일하던 시절인 필자의 직장생활 초기로 거슬러 올라간다. 그들은 필자에게 사고적 리더십thought leadership을 추구하도록 영감을 주었고, 그들의 격려가 없었다면 오늘날의 필자도 없었을 것이다. 그들 밑에서 일하는 동안 필자에게는 특별히 멋진 리더가 생겼다. 그는 나의 가장 친한 친구 중 한 명인 로라 다우닝Laura Downing이다. 필자에게 책을 쓰라고 격려한 것도 그녀였다. 밥, 데이브 그리고 로라가 없었더라면 나는 이 여행을 감당하지 못했을 것이다.

밥 캐플란은 필자에게 하버드 경영대학원의 보리스 그로이스버그를 소개해 주었다. 과분하게도 보리스는 필자의 멘토와 친구가 돼 주었다. 그는 나중에, 필자가 다른 사람들과 함께 진행했던 2015년 시스코의 CEO 승계 과정을 하버드 경영대학원의 사례 연구에 인용했다. 보리스는 본 프로젝트의 훌륭한 조언자였을 뿐 아니라, 나 자신의 경력 발전과 관련해서도 중요한 결정을 심사숙고할 수 있도록 도와주었다.

펜실베이니아 대학에서의 박사과정 연구 기간 동안 논문 고문으로 조 라이언Joe Ryan을 만난 것은 필자에게 큰 축복이었다. 그는 필자에게 많은 관심을 쏟았고 영감을 주었으며, 필자가 연구와 사고적 리더십에 열정을 추구하도록 격려를 아끼지 않았다. 그는 이번 프로젝트를 진행하는 동안 줄곧 든든한 자문역이자 친구였다.

뛰어난 아이디어를 세상에 내놓는 것을 두려워하지 않는 에리카 다완Erica Dhawan은 필자에게도 자신처럼 하면 된다고 격려해 주었다. 그녀는 필자에게 롤 모델이었다. 그녀가 미친 영향력에 감사를 표하며, 그녀를 친구라고 부르는 것은 더 없는 행운이었다.

필자는 시스코에서 재능혁신센터의 일원이 되는 엄청난 행운을 누렸다. 필자는 그곳에서 존경해 마지않는 센터의 설립자 실비아 앤 휴렛을 만났다. 그녀는 자신의 연락처와 인맥을 모두 공유하는 호의를 베풀며 필자를 적극 지원해 주었다. MIT 출신의 던컨 시메스터는 필자의 가까운 친구이자 존경하는 동료다. 그는 필자와 함께 시스코에서 세계적인 리더십 프로그램을 준비했는데, 그 프로그램의 참가자들이 이 책에 큰 영감을 주었다. 짐 시트린은 필자가 여러 해 동안 존경하고 따랐던 분이다. 시스코의 CEO 승계 과정에서 처음 짐과 함께 일하며 그에게서 많은 것을 배울 수 있었다. 그가 자신의 지식과 네트워크를 필자와 공유해 준 데 대해 큰 감사를 표하지 않을 수 없다.

　그 외에 많은 선구적 리더들이 이 책을 쓰는 데 도움을 주었다. 칼라일 그룹의 산드라 호바흐Sandra Horbach는 필자가 사모펀드를 이해하도록 도와주었고, 리더십 개발회사 메릭Merryck의 데이비드 라이머David Reimer는 리더십 트렌드를 살펴볼 수 있게 해 주었으며, 댄 시암파는 리더십에 대한 자신의 지혜로 필자에게 영감을 주었다. 빌 카투치Bill Catucci는 내가 알아야 할 유익한 것들을 많이 가르쳐 주었고, G100의 팀은 필자가 미래의 트렌드를 배우는 데 도움을 주었다. 베인의 커트니 델라 카바는 그녀의 지식을 공유하며 필자를 격려해 주었다. 매트 커틀러Matt Cutler는 필자가 창업자의 관점에서 기업가 정신을 이해하도록 도와주었으며 그의 동료들을 여러 명 소개해 주었다. 케이트 오키피Kate O'Keeffe는 혁신에 대한 동지애를 보여주며 필자가 여러 아이디어를 개발하는 것을 도와주었고, 임원 승계 연구센터의 패트릭 라이트는 그의 사고적 리더십을 공유하는 호의를 베풀어 주었다. 펜실베이니아 대학교 와튼 스쿨에서 필자의 담당 교수였던 마이클 우심과 피터 카펠리는 늘 필자를 격려해 주었다. 이번 프로젝트를 위해 그들이 공유해 준 지식은 큰 도움이 되었다.

필자가 수년간 함께 일해 온 여러 시스코 간부들의 놀라운 재능과 호기심이 없었다면 이 책의 아이디어는 나오지 못했을 것이다. 그들은 열린 마음으로 자신들의 포부를 필자와 나누며 "어떻게 하면 임원진에 올라갈 수 있습니까?"라고 묻곤 했다. 그들 중 많은 사람들이 개인적 혹은 직업적으로 야망을 성취할 수 있도록 도운 것은 큰 기쁨이었다. 필자와 함께 일했던 재능팀 동료 간부들은 놀라운 사람들이다. 필자는 그들에게서 많은 것을 배웠으며, 그들과 함께 일한 매 순간이 즐거웠다. 또한 존 챔버스와 척 로빈스를 영감을 주는 리더십 역할 모델로 삼은 것을 너무나 감사하게 생각한다.

이 책을 쓰는 데 있어 이런 신뢰할 수 있는 조언자들

이 있었다는 것이 얼마나 중요한지 모른다. 그들은 이 책을 쓰는 과정을 정말 즐겁게 만들어 주었다. 캐시 벤코 Cathy Benko는 사고적 리더십을 어떻게 정립할 것인지에 대해 중요한 자문관 역할을 마다하지 않았다. 그녀가 캐롤린 모나코Carolyn Monaco와 자크 머피Jacque Murphy를 필자에게 소개해 주면서 이 책의 집필 여정이 시작되었다. 캐롤린은 놀라운 조언자였다. 필자에게 용기를 내 자신의 생각을 세상에 펼쳐보라고 격려해 준 것도 그녀였다. 자크는 필자가 꿈꿔왔던 최고의 협력자였으며, 글쓰기 파트너이자 친구였다. 그녀의 재능에 경외감을 느끼지 않을 수 없다. 질 토텐버크Jill Totenberg는 필자를 계속 자극하며 의미 있는 방식으로 아이디어를 '마케팅'하는 방법을 가르쳐 주었다. 질, 캐롤린, 자크는 책 쓰는 일 뿐만 아니라, 이 책을 쓰는 도중 어머니가 돌아가셨을 때에도 필자에게 심심한 위로를 아끼지 않았다.

카렌 얀코비치Karen Yankovich 덕택에 소셜 미디어 전략을 배울 수 있었다. 그녀가 없었다면 필자 혼자서는 결코

할 수 없었을 것이다. 혁신적이고 재능 있는 출판사인 와튼 디지털 프레스Wharton Digital Press와 함께 일하게 된 것도 필자에게는 큰 행운이었다. 섀넌 베닝Shannon Berning, 스티브 코브린Steve Kobrin, 테레사 코쿠닥Teresa Kocudak과 함께 작업한 것은 놀라운 경험이었다. 그들은 필자에게 효과적인 작가가 되는 법을 가르쳐 주었다.

마지막으로, 필자가 이 책을 쓰기 위해 인터뷰한 많은 기업 간부들과 사고적 리더들은 필자를 크게 깨우쳐 주었다. 그들은 자신들의 직장생활 경험담을 숨김없이 다 이야기해 주었다. 지속적인 리더십을 보여주었고, 아직 젊고 야심 찬 후배 간부들을 위한 역할 모델이 되어준 그들에게 진심으로 감사를 표한다.

미주

1) Boris Groysberg, J. Yo-Jud Cheng, and Annelena Lobb, "CEO Succession at Cisco (A): From John Chambers to Chuck Robbins," Harvard Business School Case 417-031, August 2016.

2) Gary L. Neilson and Julie Wukf, "How Many Direct Reports?," Harvard Business Review, April 2012. https://hbr.org/2012/04/how-many-direct-reports.

3) Ram Charan, Dominic Barton, and Dennis Carey, "People before Strategy: A New Role for the CHRO," Harvard Business Review, July–August 2015. https://hbr.org/2015/07/people-before-strategy-a-new-role-for-the-chro.

4) Richard Oldfield, "Who's at the Table?:The C-Suite and 20 Years of Change," PwC, accessed October 10, 2017. http://www.pwc.com/gx/en/ceo-agenda/ceosurvey/2017/gx/20th-anniversary/the-evolution-of-the-c-suite.html.

5) Lars A. Gollenia, "Digital Leadership: Will the Chief Information Officer Role Disappear?," Spencer Stuart, January 2017, accessed October 10, 2017.

https://www.spencerstuart.com/research-and-insight/digital-leadership-will-the-chief-information-officer-role-disappear.

6) Peter Cappelli, Monika Hamorid, and Rocio Bonet, "Who's Got Those Top Jobs?," Harvard Business Review, March 2014, 43.

7) 앞의 글.

8) "Age and Tenure in the C-Suite: Korn Ferry Institute Study Reveals Trends by Title and Industry," Korn Ferry, February 14, 2017, accessed October 10, 2017. https://www.kornferry.com/press/age-and-tenure-in-the-c-suite-korn-ferry-institute-study-reveals-trends-by-title-and-industry/.

9) Russell Reynolds Associates, "Where Do CFOs Come From?," 2012. http://www.russellreynolds.com/insights/thought-leadership/where-do-cfos-come-from.

10) Jean Martin, "For Senior Leaders, Fit Matters More Than Skill," Harvard Business Review, January 17, 2014. https://hbr.org/2014/01/for-senior-leaders-fit-matters-more-than-skill.

11) "CEO Turnover at a Record High Globally, With More Companies Planning for New Chiefs from outside the Company," PwC Strategy&, April 19, 2016. https://www.strategyand.pwc.com/global/home/press/displays/ceo-success-study-2015.

12) Ron Torch, "What to Look for in Your Next CMO or Senior Marketing Leader," Torch Group, November 2016. http://www.torchgroup.com/torch-light-newsletter/newsletter-3.

13) Roselinde Torres, Gerry Hansell, Kaye Foster, and David Baron, Leapfrog Succession: A New Trend in Appointing CEOs?," BCG Perspectives,

November 6, 2014. https://www.bcgperspectives.com/content/articles/talent_leadership_human_resources_leapfrog_succession_new_trend_appointing_ceos/.

14) Michael Useem, interview by the author, May 18, 2017. Unless noted, all other quotes from Useem in this chapter are from the same author interview.

15) Joseph L. Bower, "More Insiders Are Becoming CEOs, and That's a Good Thing," Harvard Business Review, March 18, 2016. https://hbr.org/2016/03/more-insiders-are-becoming-ceos-and-thats-a-good-thing.

16) Kevin J. Murphy and Jan Zabojnik, Managerial Capital and the Market for CEOs, April 2007. https://ssrn.com/abstract=984376.

17) Joann S. Lublin and Kate Linebaugh, "Meet the Next CEO of General Electric: John Flannery," Time, June 12, 2017. https://www.wsj.com/articles/meet-the-new-ceo-of-general-electric-john-flannery-1497281807?mg=prod/accounts-wsj.

18) Wendell Weeks, interview by the author, June 30, 2017. Unless noted, all other quotes from Weeks in this chapter are from the same author interview.

19) Beth Comstock, interview by the author, June 28, 2017. Unless noted, all other quotes from Comstock in this chapter are from the same author interview.

20) James Citrin, interview by the author, April 21, 2017. Unless noted, all other quotes from Citrin in this chapter are from the same author interview.

21) Edith Cooper, interview by the author, June 23, 2017. Unless noted,

all other quotes from Cooper in this chapter are from the same author interview.

22) Terry Myerson, interview by the author, June 12, 2017. Unless noted, all other quotes from Myerson in this chapter are from the same author interview.

23) Lisa Eadicicco, "Microsoft's Windows Chief on the Surface, Virtual Reality and More," Time, May 9, 2017. http://time.com/4772078/microsoft-windows-10-surface-terry-myerson/.

24) Boris Groysberg, interview by the author, May 18, 2017. Unless noted, all other quotes from Groysberg in this chapter are from the same author interview.

25) Deborah Ancona, "Sensemaking," in The Handbook for Teaching Leadership: Knowing, Doing and Being, ed. Scott Snook, Nitin Nohria, and Rakesh Khurana (Thousand Oaks, CA: Sage Publications, 2011), 3.

26) Michelle King, "GE's Beth Comstock on How Women Can Thrive in the Emergent Era," Forbes, June 6, 2017. https://www.forbes.com/sites/michelleking/2017/06/06/ges-beth-comstock-on-how-women-can-thrive-in-the-emergent-era/3/#6d744cf46392.

27) Sara D. Davis, "CEO Brought Corning back from Death's Door," USAToday, February 9, 2007. http://usatoday30.usatoday.com/tech/news/2007-02-19-weeks-ceo-forum_x.htm#.WaMd-YMky0M.email.

28) Jay Galeota, interview by the author, July 5, 2013. Unless noted, all other quotes from Galeota in this chapter are from the same author interview.

29) Joseph Bower, The CEO Within: Why Inside Outsiders Are the Key to Succession (Boston: Harvard Business School Press, 2007), 272.

30) Sylvia Ann Hewlett, (Forget a Mentor) Find a Sponsor: The New Way to Fast-Track Your Career (Boston: Harvard Business Review Press, 2013), 23.

31) Sylvia Ann Hewlett, "Make Yourself Sponsor-Worthy," Harvard Business Review, February 6, 2014. https://hbr.org/2014/02/make-yourself-sponsor-worthy.

32) Dan Ciampa, interview by the author, June 6, 2017. Unless noted, all other quotes from Ciampa in this chapter are from the same author interview.

33) David Simmons, interview by the author, June 20, 2017. Unless noted, all other quotes from Simmons in this chapter are from the same author interview.

34) "CEO Turnover at a Record High Globally."

35) Torch, "What to Look for in Your Next CMO or Senior Marketing Leader."

36) Russell Reynolds Associates, "Where Do CFOs Come From?"

37) Tiffany McDowell, Dimple Agarwal, Don Miller, Tsutomu Okamoto, and Trevor Page, "Global Human Capital Trends 2016: The New Organization, Different by Design," https://www2.deloitte.com/ru/en/pages/about-deloitte/press-releases/2016/change-organizational-structure-and-talent-strategies.html.

38) Curt Nickisch, "Outsider CEOs Are on the Rise at the World's Biggest Companies," Harvard Business Review, April 19, 2016, accessed July 24,

2016. https://hbr.org/2016/04/outsider-ceos-are-on-the-rise-at-the-worlds-biggest-companies.

39) "CEO Turnover at a Record High Globally."

40) Chad Bray, " 'I Am Here to Grow A.I.G.,' Its New C.E.O., Brian Duperreault, Pledges," Dealbook (blog), New York Times, May 15, 2017. https://www.nytimes.com/2017/05/15/business/dealbook/aig-brian-duperreault-ceo.html?r=0.

41) Patricia Fili-Krushel, interview by the author, June 15, 2017. Unless noted, all other quotes from Fili-Krushel in this chapter are from the same author interview.

42) Kathleen L. McGinn, Deborah M. Kolb, and Cailin B. Hammer, Traversing a Career Path: Fili-Krushel (A), Case Study (Boston: Harvard Business Publishing, 2008).

43) Jay Galeota, interview by the author, July 5, 2013.

44) Eileen Drake, interview by the author, June 12, 2017. Unless noted, all other quotes from Drake in this chapter are from the same author interview.

45) Mary Petrovich, interview by the author, May 1, 2017. Unless noted, all other quotes from Petrovich in this chapter are from the same author interview.

46) Roger Martin, The Opposable Mind: How Successful Leaders Win through Integrative Thinking (Boston: Harvard Business School Press, 2009), 12.

47) Martin, "For Senior Leaders, Fit Matters More Than Skill."

48) Kelly Kramer, interview by the author, June 12, 2017. Unless noted, all other quotes from Kramer in this chapter are from the same author interview.

49) Torres, Hansell, Foster, and Baron, "Leapfrog Succession."

50) Devin Leonard, "Burger King Is Run by Children," Bloomberg BusinessWeek, June 24, 2014. http://www.bloomberg.com/news/articles/2014-07-24/burger-king-is-run-by-children.

51) Whole Foods Market, "Whole Foods Market Names Jason J. Buechel as Global Vice President and Chief Information Officer," January 7, 2013. http://media.wholefoodsmarket.com/news/whole-foods-market-names-jason-j.-buechel-as-global-vice-president-and-chie.

52) MetLife, "MetLife Board Names Steven A. Kandarian to Succeed C. Robert Henrikson as President & CEO," March 21, 2011. http://investor.metlife.com/phoenix.zhtml?c=121171&p=irol-newsArticle&ID=1541277.

53) Abhishek Narendra Singh Jadav, "Google Reorganises, ITT Topper Sundar Pichai Appointed CEO," TheQuint, November 8, 2015. https://www.thequint.com/technology/2015/08/10/iit-topper-sundar-pichai-appointed-ceo-google-reorganises.

54) Leapfrog Leaders including Barra and Robbins, who skipped steps to reach the C-suite, can also be Tenured Executives. Other Leapfrogs are Free Agents. We will examine how these paths overlap in chapter 6.

55) Selma's story, based on interviews, is a composite of two executives who asked not to be named. All other executives in my study are named and speaking on the record.

56) Associated Press, "GM Names Mary Barra CEO, 1st Woman to Head

Car Company," Politico, December 10, 2013. http://www.politico.com/story/2013/12/general-motor-ceo-mary-barra-100943.

57) Jonathan Vanian, "Cisco CEO Chuck Robbins Has Had a Very Busy Year," Fortune, July 13, 2013.
http://fortune.com/2016/07/13/cisco-chuck-robbins-busy-year/.

58) Robert Hackett, "Why Cisco's Board Chose Chuck Robbins to Lead as CEO,"Fortune, May 5, 2015. http://fortune.com/2015/05/05/cisco-ceo-chuck-robbins/.

59) Amy Chang, interview by the author, May 22, 2017. Unless noted, all other quotes from Chang in this chapter are from the same author interview.

60) Christopher Wu, interview by the author, May 25, 2017. Unless noted, all other quotes from Wu in this chapter are from the same author interview.

61) Neil Petch, "Age Is Not a Barrier in Startup Success," Entrepreneur, January 24, 2017. https://www.entrepreneur.com/article/269930.

62) George Deeb, "Does Age Matter for Entrepreneurial Success?," Forbes, April 16, 2015. https://www.forbes.com/sites/georgedeeb/2015/04/16/does-age-matter-for-entrepreneurial-success/#1228c3b530f1.

63) Intuit, "Intuit 2020 Report: Twenty Trends that Will Shape the Next Decade," October 2010, accessed November 13, 2017. http://http-download.intuit.com/http.intuit/CMO/intuit/futureofsmallbusiness/intuit_2020_report.pdf.

64) Glen Tullman, "From CEO to Startup: It's More Than Giving Up the Corner Office," Forbes, February 6, 2016. https://www.forbes.com/sites/

glentullman/2016/02/06/from-ceo-to-startup-its-more-than-giving-up-the-corner-office/#49129d177518.

65) Erik Larson, interview by the author, May 11, 2017. Unless noted, all other quotes from Larson in this chapter are from the same author interview.

66) Susan Marshall, interview by the author, May 25, 2017. Unless noted, all other quotes from Marshall in this chapter are from the same author interview.

67) Ken Coleman, interview by the author, June 30, 2017. Unless noted, all other quotes from Coleman in this chapter are from the same author interview.

68) Burning Glass Technologies, "Blurring Lines: How Business and Technology Skills Are Merging to Create High Opportunity Hybrid Jobs," Burningglass. http://burning-glass.com/research/hybrid-jobs/. Last accessed on November 2, 2017.

69) Neil Irwin, "How to Become a CEO? The Quickest Path Is the Winding One," New York Times, September 9, 2016. https://www.nytimes.com/2016/09/11/upshot/how-to-become-a-ceo-the-quickest-path-is-a-winding-one.html.

70) "Sean Hinton," Open Society Foundations, accessed November 2, 2017. https://www.opensocietyfoundations.org/people/sean-hinton.

71) Bill Snyder, "Sean Hinton: Consider the Nonlinear Path," Insights by Stanford Business, July 11, 2017. https://www.gsb.stanford.edu/insights/sean-hinton-consider-nonlinear-career-path.

72) Tiger Tyagarajan, interview by the author, June 23, 2017. Unless noted, all other quotes from Tiger in this chapter are from the same author interview.

73) Joe Cornell, "The Top 15 Spinoffs," Forbes, January 5, 2017. https://www.forbes.com/sites/joecornell/2017/01/05/the-top-15-spin-offs-of-2016/#18d1e316204d.

74) David F. Larcker and Brian Tayan, "From Boardroom to C-Suite: Why Would a Company Pick a Current Director as CEO?" Rock Center for Corporate Governance at Stanford University Closer Look Series: Topics, Issues and Controversies in Corporate Governance No. 64; Stanford University Graduate School of Business Research Paper No. 17-27, March 28, 2017. https://ssrn.com/abstract=2940524.

75) Boris Groysberg and Deborah Bell, "Dysfunction in the Boardroom," Harvard Business Review, June 2013. https://hbr.org/2013/06/dysfunction-in-the-boardroom.

76) Larcker and Tayan, "From Boardroom to C-Suite," 2.

77) 앞의 책, 1.

78) 앞의 책, 2.

79) Anthony Soohoo, interview by the author, June 14, 2017. Unless noted, all other quotes from Soohoo in this chapter are from the same author interview.

80) James Citrin, interview by the author, April 21, 2017.

81) Dan Ciampa, interview by the author, June 6, 2017.

82) Michael Useem, interview by the author, May 18, 2017.

83) Boris Groysberg, "The Seven Skills You Need to Succeed in the C-Suite," Harvard Business Review, March 18, 2014. https://hbr.org/2014/03/the-seven-skills-you-need-to-thrive-in-the-c-suite.

84) Greenleaf Center for Servant Leadership, "What Is Servant Leadership?," https://www.greenleaf.org/what-is-servant-leadership/.

옮긴이 홍석윤

성균관대학교 법정대학 행정학과를 졸업한 후 외국계 기업에서 오랫동안 근무해왔다. 현재 경제 언론사에서 일하고 있으며, 번역에이전시 엔터스코리아에서 출판기획자 및 전문 번역가로 활동 중이다. 옮긴 책으로는 《웹을 뒤바꾼 아이디어 100》, 《멋진 코딩 이야기》, 《10대를 위한 코딩 교과서》, 《물이 되어라 친구여》 등이 있다.

C코드

1판 1쇄 발행 2019년 12월 5일

지은이 카산드라 프랑고스
옮긴이 홍석윤

발행인 추기숙
기획실 최진 | **경영총괄** 박현철 | **편집장** 장기영 | **디자인** 신아영
디자인실 이동훈 | **경영지원** 김정매 | **제작** 사재웅

발행처 ㈜다니기획 | 다니비앤비(DANI B&B)
출판신고등록 2000년 5월 4일 제2000-000105호
주소 (06115) 서울시 강남구 학동로26길 78
전화번호 02-545-0623 | **팩스** 02-545-0604
홈페이지 www.dani.co.kr | **이메일** dani1993@naver.com

ISBN 979-11-6212-056-9 03320

다니비앤비(DANI B&B)는 ㈜다니기획의 경제경영 단행본 임프린트입니다.

이 책의 국립중앙도서관 출판시도서목록은 서지정보유통지원시스템 홈페이지(http://seoji.nl.go.kr)와 국가자료공동목록시스템(http://www.nl.go.kr/kolisnet)에서 이용하실 수 있습니다.
(CIP제어번호: CIP2019045738)

책값은 뒤표지에 있습니다.
잘못 만들어진 책은 구입하신 서점에서 바꾸어 드립니다.

독자 여러분의 책에 관한 아이디어와 원고 투고를 기다리고 있습니다. 책 출간을 원하는 아이디어가 있으신 분은 이메일(dani1993@naver.com)로 간단한 개요와 취지, 연락처 등을 보내주시기 바랍니다. 기쁜 마음으로 여러분의 의견을 소중히 받아들이겠습니다.